EL SANADOR DE QUEBRANTADOS

GEORGE PANTAGES

Derechos reservados © 2018

El Sanador de Corazones Quebrantados
Por George Pantages

Titulo original del libro en inglés:
The Heartbreak Mender
Copyright © 2018 por George Pantages

Impreso en los Estados Unidos de América

ISBN 978-0-9989538-3-0

Todos los derechos reservados exclusivamente por los autores. Los autores garantizan todo el contenido es original y no infringir los derechos legales de ninguna otra persona o el trabajo. Ninguna parte de este libro puede ser reproducida en cualquier forma sin el permiso de los autores.

A menos que se especifique lo contrario, todos los pasajes de las Escrituras son extraídos de la versión Reina Valera Revisada.

George Pantages Ministries

Cell 512 785-6324
geopanjr@yahoo.com
Georgepantages.com

TABLA DE CONTENIDO

Capítulo 1
George Pantages
¿Por Qué Yo? 13

Capítulo 2
Missti Jones
Yo era una niña prostituta 29

Capítulo 3
Dalila Janos
No pude despedirme de mi esposo 43

Capítulo 4
Jennifer Brown
Morí, pero fui resucitada por la oración de mi mamá 61

Capítulo 5
John Moore
Mi hijo de 16 años murió de cáncer 75

Capítulo 6
Saraí Jiménez
Mi hija murió en mi vientre y Jesús la trajo de regreso 95

Capítulo 7
Adiel Sandoval
Fui deportado injustamente de los EE. UU 111

Capítulo 8
Anthony Martínez
El sufrimiento de mi infancia me causó ira y amargura 121

Capítulo 9
Daisy & Edgar Arias
Mi esposa murió en un accidente automovilístico
y fue enviada de regreso desde el cielo 135

DEDICACIÓN

Cuando decidí dejar mi carrera futbolística para dedicarme a una vida dedicada a Cristo. Inicialmente creí que había cometido un grave error. ¿Cómo es eso? Todos mis esfuerzos por ser agradable en los ojos de Dios terminaban en nada y continuamente me encontraba quedándome corto en lo que intentara en Él. Esto es cuando conocí a un hombre de Dios con el nombre de Freddy Clark.

Asistí a uno de sus seminarios de "Dones del Espíritu Santo" y fue una experiencia que realmente me cambió la vida. En primer lugar, el seminario de tres días fue GRATUITO. Nos ofrecieron alojamiento GRATIS y también una comida al día GRATIS. Este generoso hombre de Dios estaba dispuesto a compartir su conocimiento y experiencia sin costo para los asistentes, y esto realmente tuvo un gran impacto en mi vida.

Con el paso del tiempo, he seguido sus pasos muy de cerca, pero mis dones son un poco diferentes porque mi atención se centra más en la sanidad emocional y espiritual de la persona. Recuerdo que me advirtió que si de verdad permitía que Dios me usara en lo milagroso, sería muy criticado y tal vez incluso no aceptado. Aunque sus palabras se han vuelto verdad, no ha sido suficiente para evitar que trate con CORAZONES QUEBRANTADOS.

He estado haciendo este tipo de ministerio el tiempo suficiente para entrar en una etapa de mentor. Cuando trato de transmitir a una nueva generación lo que el hermano Clark me ha transmitido, me emociona saber que estos nuevos reclutas serán utilizados aún más poderosamente en los últimos tiempos de lo que yo podría ser. Gracias hermano Clark por el gran impacto que ha tenido en mi vida.

LE AMO HERMANO FREDDY EN EL NOMBRE DE JESUS!!!

Evangelista Freddy Clark

Carpas Tradicionales de Avivamientos

INTRODUCCIÓN

El diccionario de Webster define (Heartbreak) Corazón Quebrantado como una pena, angustia o dolor abrumador. Cualquiera que haya tenido el corazón roto puede dar fe del hecho de que es una de las emociones más dolorosas de superar. Puede tener un efecto tan devastador que muchas personas, cuando se encuentran en una situación en la que tienen que arriesgarse a amar de nuevo, tienen que tomar una decisión si es que lo harán de todo corazón. Recuperarse de un corazón quebrantado no es algo fácil de hacer. Hay algunas personas que nunca se recuperan del sufrimiento y viven sus vidas en ruinas.

Si tan solo se pudiese evitar las penas del corazón con la posibilidad de seguir amando a alguien sin reservas. Los riesgos envueltos son muchos, que muchas personas no se arriesgan a experimentar nuevamente. ¡Es demasiado doloroso! Además de eso, es sorprendente creer que el Señor permitiría tal devastación en el corazón de uno de Sus hijos.

Sin embargo, en realidad, quebranto de corazón no se te hace a ti sino para ti. Realmente no tiene ningún sentido hasta que te das cuenta de que fue un quebranto de corazón lo que permitió al Señor dar su vida en el Calvario. El quebranto de corazón en nuestras vidas nos identifica con Él y después del proceso de reparación, nos permite ministrar al corazón quebrantado de una manera más efectiva. El Señor no está dispuesto a ponernos nada por lo que Él no haya pasado. Si el quebrantamiento lo preparó para sufrir una muerte tan dolorosa, entonces debemos adoptar la misma actitud cuando nos damos cuenta de que permite que nos haga mejores en Él.

Deje que estos testimonios hablen a su corazón y alma. Permítales impregnar lo más profundo de su ser. Pídale al Señor que le dé un nuevo entendimiento del quebrantamiento de corazón para que usted también pueda ser más como Jesús.

APRECIACIÓN

Me gustaría tomar este tiempo para apreciar a las siguientes personas por su contribución para la publicación de este libro:

    Michelle Levigne – Editor
    Mlevigne.com

    Luis Villegas – Diseño de portada
    DPIXO Graphics, Dpixo.com

    Adiel Sandoval – Traducción de Español

    María Pantages – Tipografía

Su profesionalismo y habilidad se ve a través de todo el proceso entero, haciendo mí escribir mucho mejor de lo que en realidad es.

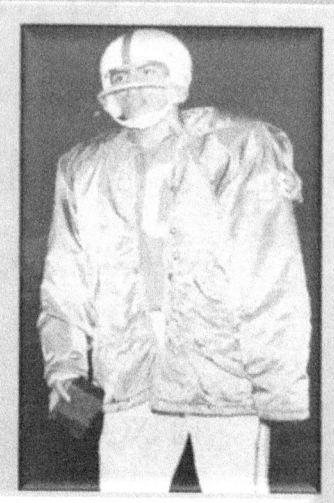

(1970) All So. Cal. P.A.T. record holder (55 in a row)

YESTERDAY'S HIGH SCHOOL HEROES
WHERE THEY ARE
ALL-CIF 4-A CLASS OF '71

Name-High School	Position	College	Status
Dennis Littlejohn, N. Torrance	TE	USC	Varsity baseball
Jim Lucas, Arcadia	SE	USC	Second-string safety
Terry Albritton, Nwprt. Hrbr.	T	Stanford	Shotputter
Todd Anderson, Buena	T	Stanford	Starter
Paul Charlton, Western	G	Cypress JC	Starter
Jim Samaduroff, El Rancho	T	Rio Hondo JC	Starter
Ken Lavigne, Santa Fe	C	Rio Hondo JC	Starter
Brian Longuevan, Rosemead	LB	Utah State	Starter
George Chance, Bishop Amat	LB	UC Riverside	Second-string safety
Kevin Bruce, St. Francis	LB	USC	Second-string
John Sciarra, Bishop Amat	QB	UCLA	Starter
Jeff Siemens, Westminster	QB	Stanford	Redshirt
Dan Larson, Alhambra	QB	(Pitcher in St. Louis Cardinals farm system)	
George Bennett, Pasadena	RB	Oregon	Third-string
Jamie Quirk, St. Paul	QB	(Shortstop in Kansas City Royals farm system)	
Joe Baumgaertner, Damien	RB	Stanford	Fourth-string
George Pantages, El Rancho	K	Rio Hondo JC	Did not play

Los Angeles Times – Sports (1972)

CAPÍTULO 1

George Pantages

No soy un aficionado a los Juegos Olímpicos de Invierno porque encuentro los Juegos Olímpicos de Verano mucho más interesantes y emocionantes. Pero, hubo unas Olimpiadas Invernales que capturaron mi atención sin esperarlo. No tanto por los eventos que hubo sino por la actividad extracurricular que tomó a todos por sorpresa. La patinadora sobre hielo Nancy Kerrigan, la favorita para ganar el oro olímpico, fue atacada brutalmente y quedó severamente herida durante las pruebas olímpicas de 1984. Se especulaba que su archirrival Tonya Harding había contratado a alguien para lastimarla para que no pudiera competir en los Juegos Olímpicos. Ella había terminado una práctica de rutina cuando alguien, de la nada, le golpeó su pierna y ella calló desalentada en dolor. Cuando iba cayendo abruptamente al suelo, ella empezó a gritar en una desesperación repitiendo las palabras, "¿Por qué yo?". Afortunadamente, esa lesión no acabo con su carrera y se recuperó para las Olimpiadas. Sin embargo, Nancy nunca retomó su forma como antes de la lesión y se tuvo que conformar con la medalla de plata (2do lugar).

Los momentos "Por qué yo" son comunes en la vida de cada uno. No se puede evitar esa pregunta aunque a veces no parece haber respuesta alguna que pudiera consolar a la persona que pregunta. Ha habido muchos "por qué yo" en mi vida que sobrepasan las otras experiencias que sí han tenido una explicación. Empezaron en mi vida en una tierna edad desde los cinco años cuando sufrí con poliomielitis. Como era muy niño realmente nunca comprendí que tan cerca de la muerte me encontraba. Fui puesto en cuarentena en una habitación de dos camas. Casi todos los días cuando me despertaba en las mañanas tenía un nuevo compañero de cuarto. De vez en cuando preguntaba qué había pasado con Juanito o María o con quien estuviera compartiendo el cuarto, siempre me decían que los habían enviado a otra habitación. Desconocía que esa otra habitación era la morgue. ¡Habían muerto la noche anterior! Después que el Señor milagrosamente me sanó, me transfirieron del Hospital General en Los Ángeles al Hospital Rancho Los Amigos en Downey para rehabilitación. Lo único que recuerdo de ese lugar era una sensación escalofriante que yo experimentaba cuando todo quedaba en silencio por las noches. ¿Por qué no me podía ir a casa? ¿Por qué sentía tanto temor? Igual de difícil que era ajustarme a las limitaciones físicas que tenía en todo mi cuerpo, no se compararía a la agresión verbal con la que me tratarían al ir creciendo.

Cuando mi maestra de primer grado de primaria me miró, ella se espantó de mi apariencia física. Debajo de mi camisa yo usaba un molde corporal que me cubría todo el pecho hasta la cintura. Yo era el "Tortuga Ninja" original. Tenía aparatos de alambres desde la muñeca hasta los brazos y que se conectaban hasta el molde corporal. Que la gente me mirara era todo un espectáculo. También usaba zapatos ortopédicos que ni podía atarlos yo solo. Y sabía que iba a necesitar mucha ayuda en todos los sentidos. Mi maestra inmediatamente después del primer día de clase fue a la oficina del director y le pidió que se me enviara a otro lugar. En aquellos días, los niños con discapacidad recibían su educación en las escuelas regulares y no había educación especial para nosotros, al menos no en nuestra escuela. Cuando mi madre supo de la oposición de mi maestra, ella se enfureció. Procedió a encarar a mi maestra y su alegato no paró allí. El director también recibió lo suyo. Cuando todo se calmó, me dejaron en la escuela y me destaqué académicamente. Unos años más tarde en cuarto grado, la volví a tener como maestra, pero las cosas eran muy diferentes. Me convertí en uno de los mejores estudiantes y después de ingresar a la escuela secundaria y comenzar a hacer realmente bien, cada año dedicaba una sección de sus tablones de anuncios para publicar todos mis recortes de periódicos durante mi carrera en la escuela secundaria.

Ella no fue la única maestra con declaraciones insensibles. En una ocasión mi maestro de educación física en quinto grado, mientras nuestra maestra de grupo estaba ausente (cuando todos se alineaban para el calentamiento), que por supuesto yo tenía el permiso de quedarme parado hasta que todos los demás terminaran porque yo no podía hacer la mayoría de los ejercicios. Como a los cinco minutos del calentamiento, el maestro sustituto me gritó tan fuerte que todos escucharon: "¿Qué te pasa muchacho, estás tullido o qué?" En aquellos años (1965) había un gran respeto para los en autoridad y nunca le faltaríamos el respeto ni responderíamos a nuestros maestros. Tenía tantas ganas de explicarle mi situación, pero algo dentro de mí me decía sólo sopórtalo. Fue la sesión de física más larga en toda mi vida. Terminamos física y regresamos al salón para la última media hora de clases. Trataba de mantener las lágrimas como podía pero cuando sonó el timbre de salida, literalmente corrí más de dos kilómetros sin parar hasta llegar a casa. Recuerdo llegar a casa directo a mi cuarto soltando la puerta con fuerza. No podía resistir mis emociones, llorando incontrolablemente. Recuerdo que le decía a Dios, "¿Por qué me dejaste vivir? Por qué no me dejaste morir con el resto de los niños en el hospital, hubiera sido más fácil." Por supuesto, el Señor no me contestó en esa ocasión y de vez en cuando mi pregunta "¿por qué yo?" surgía una y otra vez, pero la respuesta de Dios era la misma siempre, no había respuesta.

Los niños pueden ser tan crueles como los adultos, si es que no más. Mientras crecía, los aparatos en mis brazos y pecho ya no eran necesarios. La parte superior derecha de mi cuerpo fue la más afectada por la poliomielitis. Caminaba con la palma derecha de mi mano hacia arriba. Algunos de los niños en la escuela al notar mi mano torcida me apodaron "El Dedo", porque parecía que siempre le estaba mostrando "el dedo" del medio de mi mano a alguien y eso trajo muchas burlas y muchas vergüenzas a mi vida.

La fuerza súper positiva de parte de mi madre me ayudó a despejar casi toda la crítica y burla que llegaba a mi vida. Ella me hacía hacer sentadillas y durante el proceso siempre me animaba a dar mi mejor esfuerzo en todo porque me decía que yo era tan bueno como cualquier otro chico si es que no mejor. Terminé creyéndole y cuando me uní a la banda de la escuela en cuarto grado, aunque tenía que sostener la trompeta al revés (tocaba las válvulas con la mano izquierda y sostenía la trompeta con la derecha). Eso no me detuvo de convertirme en el mejor trompetista de todo el distrito escolar el siguiente año. En el concierto distrital anual, toque un solo y me dieron una ovación de pie. Yo honestamente creí que la ovación había sido por el esfuerzo de una persona con discapacidad más que por mi habilidad de tocar. Cada cosa buena que hacía siempre era magnificada a una cosa más grande.

Mi auto estima se elevaba a tal grado que sentía una confianza que podía hacer cualquier cosa que se me viniera a la mente. Mi siguiente desafío era jugar deportes. Por supuesto, por mi discapacidad estaba limitado al deporte y posición que me permitía mi cuerpo. Decidí jugar fútbol americano sabiendo que la única posición podría ser el de pateador del equipo. Era lo suficientemente bueno para ser parte del equipo principal (varsity) aunque todavía estaba en el grado décimo, ya jugaba con los del grado once y doce de preparatoria. Me convertí en el mejor pateador de todas las preparatorias del Sur de California durante el grado once y doce y rompí el record que había estado por dieciséis años. Iba encaminado a recibir una beca universitaria de la prestigiosa Universidad del Sur de California (USC) cuando otro momento "¿por qué yo?" salió a la superficie de mi corazón.

El Señor había estado tratando conmigo sabiendo que para este punto de mi vida yo no me había arrepentido de mis pecados para vivir sólo para Él. Y para complicar las cosas aún más, Dios estaba en un distante segundo lugar en mi vida porque aquellos años de fútbol eran lo más importante para mí. Estuve tan cerca de ignorar Su llamado que hasta hoy en día es difícil entender cómo podía amar a algo más que a Él. Lo hizo tan claro y sencillo cuando Él usó un canto favorito que mi hermana y yo cantábamos "¿me amas más que éstos?" Las letras tomadas de Juan 21:15-17 recorrieron por toda mi mente y corazón un día mientras conducía de la Universidad a casa, con lágrimas en mis ojos contesté con las letras del mismo canto, "Te amo más que la fama, más que las riquezas, más que el mundo." Como a la semana después más o menos dejo de leer mi nombre en las páginas deportivas de Heraldo de Los Ángeles por última vez. Era un párrafo de una sola línea. "Todos estaban en el campo hoy excepto George Pantages." Llegué a entender que jugar fútbol para mí no solo era un juego, era un dios y mi Dios (Jesús) no comparte Su gloria con nadie. De una figura preparatoriana afamada me convertí en un universitario desconocido. ¡Esto dejó mi corazón hecho pedacitos!

Mi nueva vida en Cristo fue como nunca la hubiera anticipado. Creyendo que había dejado mucho por servir al Señor, pensé que iba inmediatamente a causar un gran impacto en el Reino de Dios. Pero todavía había situaciones con las que debía tratar, grietas en mi personalidad y en carácter que necesitaban ajustes, y que tomarían mucho tiempo. Por primera vez en mi vida ya no tenía privilegios especiales. Las excepciones que tenía por ser un atleta muy reconocido se habían desaparecido en el aire. Ahora tenía que esperar en línea como todos los demás, no podía faltar a ninguna clase que antes los entrenadores me cubrían y comencé a entender cómo se vive la vida sin privilegios.

Siendo parte de una organización Apostólica Pentecostal tampoco me favoreció. Batallé mucho porque mi naturaleza quieta y callada no encajaba muy bien con aquella de los Pentecostales de "no estar quieto o callado." Hay una regla no escrita que anima a una adoración estrepitosa y a expresarse en danza, correr por los pasillos o gritar y gritar en alabanza. ¡De eso se trata Pentecostés del ruido y mucho! Nunca me sentía cómodo y por mucho que me esforzara siempre me sentía como un extraño. Cuando tenía la oportunidad de expresarme verbalmente, siempre las lágrimas eran mis compañeras. Al grado que me apodaron "Jeremías, el profeta llorón." Mis inseguridades me alejaban de las personas pero a la vez me acercaban a Dios. Comencé a formar una cercanía con el Señor que la mayoría de los jóvenes de mi edad no tenían. Pensaba, si no puedo encajar con los demás en la congregación, entonces quizás dedicaré mi tiempo y esfuerzos a ministrar personalmente a Dios para poder calmar mi mente.

Después de trece años congregándome en la iglesia donde fui salvo, creí tener un llamado a pastorear mi propia iglesia. Una vez más, la oficina de un pastor nunca fue como yo me lo imaginaba. Mis habilidades con la gente no eran las mejores, me era muy difícil llevar a las personas a servir al Señor de la misma forma como yo fui criado. Era necesario un gran salto de fe para asegurar un edificio suficiente para iniciar una guardería que finalmente financiaría todos los gastos y proyectos de una iglesia local. Mi siguiente error fue en subestimar el tiempo que se requería para estabilizar la economía de la iglesia y manejarla en números positivos. Cuando finalmente quedamos sin dinero y después de hacer todo lo que sabía hacer sin que nada funcionara, otra experiencia devastadora encontró su camino al núcleo de mi ser causándome desconfiar de cualquier cosa que tuviera que ver con la "fe".

Conforme inició el proceso de restauración, comencé a entender mis fracasos y decidí darme otra oportunidad. Esta vez el Señor me lanzó una curva pues me estaba pidiendo que hiciera algo y/o fuera alguien que yo pensaba era incapaz de ser. Cuando me llamó a ser evangelista, pensé que Él había perdido la cabeza, porque yo no encajaba con el molde de un evangelista entusiasta. No era muy "ruidoso" en mi presentación del Evangelio, sabrás a lo que me refiero. Para agregarle sal a la herida, Él me estaba pidiendo que lo hiciera en un idioma (español) el cual ni podía hablarlo bien. "¿Por qué yo?" Había tantos hombres calificados y capaces para hacer un trabajo más eficiente que yo, pero después me di cuenta que yo era el único que estaba medio dispuesto a aceptar esa responsabilidad, así que lo hice.

Algo inexplicable sucedió después. Porque estaba dispuesto a responder al llamado de Dios inesperadamente los "dones del Espíritu" empezaron a operar en mi ministerio como nunca antes. Las personas comenzaron a recibir el bautismo del Espíritu Santo por los cientos y los miles y más asombroso fue que cada vez más y más personas eran milagrosamente sanadas. No estoy hablando de sólo dolores de cabeza, Dios estaba sanando ciegos, sordos, paralíticos, personas con cáncer y mucho más. Había tantos logros que yo pensaba en mi mente que esto era demasiado bueno para ser cierto. Tú sabes a lo que me refiero, ¿verdad? ¡Ya era tiempo para otro golpe al corazón! Con los grandes logros llegó un gran cambio a la rutina familiar. Hasta este punto, como familia viajábamos juntos. Pero, cuando me comenzaron a llamar de iglesias fuera del estado, tendría que viajar solo la mayoría de las veces porque mis hijos estaban todavía estudiando. Hacía lo mejor que podía manteniendo todo y a todos juntos, pero sin saberlo mi esposa comenzó a deslizarse espiritualmente. Ya que el enemigo no podía doblegarme por medio de adversidades y pérdidas, decidió trabajar en mi esposa. Desgraciadamente, le funcionó. El día que celebrábamos nuestro 25 aniversario de bodas ella me confesó que me había sido infiel. Nunca en mis más locas imaginaciones hubiera pensado que ella fallaría de esa manera. Lo que se me hizo más difícil fue aceptar el hecho que Dios no me hubiera mostrado por revelación lo que estaba sucediendo. En el pasado en mi ministerio Dios había revelado infidelidades que habían destruido otros matrimonios. ¿Por qué Dios no hizo lo mismo esta vez? No sabía con quién estaba más enojado si con mi esposa o con Dios. Era una pérdida de la cual honestamente creí que no me iba a recuperar.

El rompimiento de los votos matrimoniales repercutió no solamente afectando nuestra familia sino también el ministerio. Ella ya no quería servir a Dios en la manera que habíamos creído hasta ese punto, así que ella encontró una manera menos rígida de servirle. Se decidió el vender la única casa que teníamos y tomar rumbos separados. Mis hijas se iban a quedar con ella y mi hijo Timothy decidió quedarse conmigo. Tener que cubrir la manutención puso un gran peso económico porque cuando la mayoría de las iglesias supieron de mi divorcio, dejaron de invitarme a predicar. Tuve que salir a buscar otro tipo de ingreso para cubrir los gastos necesarios. La mayoría de las veces nuestro alimento consistía en dos hot dogs de la estación de gasolina ARCO y una bebida. De vez en cuando, al tener una invitación a predicar y el pastor me invitaba a comer después del servicio, ordenaba una enorme cantidad de comida (como para dos personas) y me llevaba la mitad para llevarle a mi hijo. Estoy seguro que cuando me miraban ordenar se preguntaban, cómo le hará para comerse toda esa comida si está tan delgado (antes estaba delgado). Pensaba que si yo iba a comer bien, él también debía comer bien. Nunca se quejó ni rezongó, él estaba feliz de comer con su papá.

Aunque sentí que me había tocado la de perder con el divorcio y que mi licencia para predicar había sido revocada, atendí a la voz del Señor cuando me dijo, "Solo cierra tu boca y sopórtalo." Comprendí que si tomaba esa postura había una gran bendición reservada más adelante para mí. Esa bendición llegó en la forma de mi futura esposa María. Cuando me enamoré de ella, sentí que Dios había tomado un gran borrador y había borrado todo el dolor de mi corazón. Aunque había pasado veinticinco años con mi primer matrimonio, cuando miro hacia atrás siento como si María ha sido la madre de mis hijos.

La vida ahora era muy buena como para ser real. Con una mujer entregada 100 por ciento al ministerio, el estar ella a mi lado solo lo ha mejorado. En poco tiempo después me convertí en autor y con este serán siete libros que haya escrito. Ella hace la composición tipográfica de los libros y los traduce al español. Aunque yo soy quien recibe algo de renombre, ella es realmente la que está detrás moviendo los hilos para que tengamos éxito. Al año de casado nos movimos de California a Texas y todo comenzó verdaderamente a florecer. Comenzamos a viajar a Canadá, México, Centro y Sudamérica.

La vida verdaderamente fue de completa dicha por unos cinco años cuando el siguiente quebrantamiento al corazón ocurrió, ¡pero ahora LITERALMENTE! En el año 2013 sufrí un ataque al corazón y un derrame cerebral que me inhabilitó como por siete meses. Había estado hospitalizado cuando era niño de la recuperación de la poliomielitis y sabías más o menos que esperar, pero ahora era peor que lo que recordaba. La mayoría de los internados permanecían de una semana a un mes. A mí me tocó quedarme siete semanas. Me fue tan mal que al final me dijeron que me había dado 'hospitalitis' (enfermo y cansado de estar hospitalizado).

Poco después de hospitalizarme me dijeron que el hospital había invertido como $30,000 dólares en cada cama nueva. Ha sido la cama más incómoda en la que he dormido. Tan así estaba que después de tratar de dormirme, mejor me sentaba en una silla que estaba en el cuarto. Si eso no funcionaba me iba a un camastro. Si no funcionaba, me sentaba en la silla de ruedas que estaba disponible. Finalmente, si eso tampoco funcionaba me acostaba en el piso. En una ocasión durante la inspección nocturna y que yo no estaba en la cama la enfermera en turno entró en pánico; cuando le dije que no se preocupara que estaba en el piso se asustó más. Finalmente la convencí que estaba bien que no me había caído de la cama.

De las tres terapias que tomaba, la del habla era la peor. Estaba ahí dándome cuanta que tan mal me encontraba mentalmente. No podía ni resolver los problemas matemáticos más sencillos que me pedían que hiciera y mi vista borrosa tampoco ayudaba la situación. Reconocí que tan mal estaba cuando mi esposa un día me preguntó si podía decir su nombre. Rebuscando y tratando de encontrar su nombre en algún lugar en mi memoria, finalmente grité "Cuqui". Eso era correcto pero solamente a la mitad, pues Cuqui es sólo su apodo. Podía recordar a Satanás burlándose y diciéndome si no podía ni recordar el nombre de mi esposa, como iba a poder predicar otra vez. ¡Fue un quebrantamiento muy duro!

Una consecuencia positiva de todo lo que tenía que soportar en el hospital fue con respecto a las bebidas. Después de un tiempo, tuve que empezar a esconder vasos de agua o jugo porque si no te los tomabas en el momento se llevaban todo. En una ocasión por error me había tomado toda el agua y era tiempo de tomar los medicamentos. La enfermera no me permitía tomar más agua. No podía creer que fueran tan estrictos pero a la vez podía sentir al Señor tratando de enseñarme una lección. "Ahora ya sabes cómo las personas en el infierno se sienten cuando ellos también tienen sed y quieren tan solo un poco de agua."

Lento pero seguro mi resistencia a los ataque del infierno se estaba desmoronando. A menudo estaba siendo bombardeado con declaraciones como, "No saldrás vivo de aquí". Tenía dificultad para leer por causa del derrame cerebral y me sentía indefenso, más porque mi memoria había sido afectada y ya no podía citar las Escrituras. Como el castigo chino de la gota de agua sobre la cabeza poco a poco donde finalmente una gota de agua se siente como si fuera un martillo golpeando en tu cabeza. Así es como me sentía de estos ataques. Dentro de mí sentía que a veces el enemigo se presentaba justo en esos momentos y yo ya no tenía la capacidad para luchar. Mi resistencia contra él era muy baja y decreciente cada día. Y dicho y hecho, un día pasó.

Podía sentir la presencia maligna de Satanás todo en derredor mío junto con sus secuaces. Le suplicaba a Dios su ayuda pero entre más se acercaba él (satanás) más sentía que iba a sufrir una crisis nerviosa. Justo cuando me arrodillaba en mi mente y le pedía a Dios que me perdonara porque ya no podía luchar más y que estaba por ceder al enemigo, la presencia de Señor apareció en el cuarto. Poco a poco abrió camino hacia donde me encontraba con mis manos en la cabeza casi para quedar aniquilado. De repente, de la nada, sentí un abrazo celestial y que el Señor decía, "No lo puedes tener porque él me pertenece." Inmediatamente la horrible presencia se fue y en su lugar quedó una quieta paz y recibí la fuerza y los medios para vivir otro día para Él.

Mientras he continuado mi viaje cristiano por este mundo, cada momento "¿por qué yo?" ha esculpido y arrancado todo el innecesario que tenía acumulado en mi corazón. Era necesario que Dios fuera severo en ocasiones porque era la única forma que iba a quitar de mí aquellas cosas que me separaban de Él. Siempre me he preguntado si el Apóstol Pablo supo de la conversación que tuvo Ananías con el Señor Jesús respecto a este loco Saulo de Tarso. La declaración de Dios a Ananías que finalmente lo movió a orar por Saulo fue reveladora:

"Porque yo le mostraré cuánto le es necesario padecer por mi nombre." Hechos 9:16

¿Qué era exactamente lo que iba a sufrir el Apóstol Pablo? Sería más sencillo documentar las formas de cómo no sufrió cuando lees la admisión a su vida como apóstol, parecería que estaba tratando de recurrir a un sensacionalismo al describir sus sufrimientos de esa forma. Pero, realmente él concluyó que sus momentos de "¿por qué yo?" no eran sino el Señor tratando de confraternizar con él. Cuando él llega a comprenderlo, eso no hizo que sus sufrimientos fueran más llevaderos pero al menos ya comprendía el propósito de todo y prosiguió hacia adelante.

Al momento de escribir esto me han amputado mi segundo dedo del pie. La herida que causó que se formara la gangrena no sólo fue violentamente agresiva, pero sucedió de un día para otro. Aunque habíamos hecho todo lo posible que una segunda amputación no volviera a ocurrir (la primera fue en el 2015) siempre sucedió. He comprendido que a veces vas a perder uno o dos asaltos. Pero, con cada pérdida por la Gracia de Dios nos hemos vuelto a levantar a pelear un día más. No residimos en lo que hemos perdido porque si hubiera sido esencial Dios nunca hubiera permitido que lo perdiéramos. Él todavía puede usar eficazmente lo que ha quedado porque entonces así Él es el único que recibe todo el crédito.

¿Por qué yo? ¡Porque si perduro, seré más como Jesús!

Missti de Niña

Missti en el Servicio Militar

La Familia Jones

CAPÍTULO 2

Missti Jones

****NOTA**** Dios nunca te dará algo que no puedas soportar, y así como José tuvo que ser vendido para salvar a miles de personas, para incluir a su familia y aprender el perdón, así ocurrirá también con nosotros.

He sido Pentecostal desde que tenía tres años de edad. Recibí el Espíritu Santo hablando en otras lenguas cuando tenía cinco años y me bauticé en agua cuando tenía nueve años. Mi relación con Dios era lo único que me mantenía viva desde la edad de cinco años hasta que salí del ejército a la edad de treinta y uno. Esto fue necesario porque tuve que servir a Dios sola.

Mis padres no eran cristianos. Ambos eran adictos a la droga y eran alcohólicos. Mis recuerdos más tempranos son desde los tres años, sabía que tenía tres porque mi hermano mayor tiene cuatro años más que yo y él apenas ingresaba a la escuela. Me daba envidia que él estaba aprendiendo a leer y escribir, y que yo no podía hacerlo. Fue durante ese tiempo que mi madre me dijo que "tenía que jugar con mi tío." Y que no podía regresar hasta que el juego terminara. Después supe que no era mi tío, y que no era un juego, y para la edad de nueve años aprendí lo que era una "prostituta", y mis padres me estaban vendiendo a hombres para pagar por sus adicciones. Lo platiqué con mi pastor cuando tenía doce años (hasta donde supe ya no es pastor) y me dijo que no le dijera a nadie porque "le daría una mala reputación a la iglesia". Después les dije a mis maestras de escuela pública lo que estaba sucediendo y ellas le hablaron al Departamento de Salud (DHS). Mi madre los acusó de intolerantes porque ellos decían que yo "actuaba diferente que otras niñas" de mi edad, y mi madre decía que era así porque yo era cristiana. El Departamento de Salud nunca hizo nada, y nunca más vi a las trabajadoras sociales otra vez. Cuando tenía doce percibí por qué mi pastor en ese entonces no quería ayudarme. Cuando comprendí que mis padres me estaban vendiendo a todos estos hombres malvados en vez de protegerme, huí al bosque donde después nuestro perro me encontró. Mis padres me encadenaron en un gallinero y me dieron un jarrón para poner el dinero que me daban los hombres. Había una liga de cabello en el jarrón con la cual debía atar el dinero y dárselo a mi madre en la mañana. A las

4:30 de la mañana mi madre llegaba con una manguera y me echaba agua, recogía el dinero, y ya me podía dormir, hacer mi tarea o leer el único libro que podía tener, mi Biblia. Siempre estaba cansada en la escuela, y me sorprendía que nadie en mi escuela privada supiera lo que me pudiera estar pasando. (Después supe que una hermana en la iglesia habló, pero nadie la escuchó.)

Para este entonces mi madre venía a la iglesia, pero no para saber de Dios, sino para monitorearme que yo no le contara a nadie. La miré en un servicio de la iglesia sacar una faja de billetes de mi liga del cabello y darle una parte de los billetes a mi pastor. Cuando pregunté qué estaba haciendo ella dijo que estaba dando sus diezmos, pero yo sabía dentro de mí que lo estaba sobornando. Comprendamos, algo que debemos notar aquí es que los ministros y las personas en la iglesia son humanos. No culpemos a Dios o una persona, hombre o mujer, grupo, negocio o la iglesia entera por lo que hagan uno o dos personas. No permitas que el pecado de alguien más se convierta en tu pecado. Este consejo es un pilón.

Fue ahí donde determine en mi mente recibir una buena educación y salirme de la casa de mis padres lo más pronto posible. Sabía que casarme con alguien en la iglesia estaba descartado, porque quién se querría casar con una prostituta que había sido vendida a hombres desde la edad de tres años, contra mi voluntad o no. Tenga esto en mente, ésta era una adolescente de catorce años pensando así por causa de las predicaciones que había en la iglesia acerca de la fornicación y de que tan inmundas eran las muchachas que no eran vírgenes, y cómo hombres buenos nunca querrían a alguien como yo ¡Nunca!

De todas formas, empecé a trabajar moviendo tubos de irrigación, cosechando bayas en los campos agrícolas, haciendo pacas de alfalfa (ahí sí que agarras figura muscular), y después me hice lavavajillas en la casa de unos ancianos para pagar mis estudios de escuela cristiana privada. Trabajé muy duro y me gradué a los diecisiete años de edad. Mis padres no sabían nada cuando les traje una forma para que la firmaran; ellos pensaron que era para un viaje escolar para alumnos distinguidos, en realidad eran documentos de custodia y lo firmaron sin leerlo convirtiéndome eso una alumna del ejército estadounidense. Esto me permitió enlistarme a la edad de diecisiete años y escapar de esa increíble pesadilla.

¿Por qué el ejército? Se han preguntado algunos. Porque entre los catorce y diecisiete años oraba a Dios que mostrara su misericordia y me matara. Sabía que había sido dañada en tal forma y que nadie en toda la tierra se preocuparía si viviera o muriera. Era mejor morir que seguir siendo vendida a hombres en contra de mi voluntad. Así que a mis diecisiete años pensaba, "Me puedo ir a Las Vegas y convertirme en una prostituta legal y guardar todo el dinero que mis padres lucraban vendiéndome y más probable terminar siendo asesinada por un don nadie." Mi otra opción era unirme al ejército, la única delegación que me dejarían mantener mi cabello largo (que le había entregado a Dios cuando tenía doce años). Esto también significaba que iba a poder tener tres comidas al día, algo que NUNCA había tenido antes y poder vestir ropa nueva... aún si fueran uniformes, serían míos solamente. Tendría un techo sobre mi cabeza, y si era necesario moriría una muerte llena de honor. Y aún si solamente Dios estuviera en mi funeral, ¡sería lo más honorable! Así que me decidí por Dios y una muerte de honor en vez de Satanás y una muerte de vergüenza como prostituta. Le dije a mi pastor que me había enlistado en el ejército y que no podría estar en la iglesia por razón de los Entrenamientos Básicos y los Entrenamientos Avanzados en el Fuerte de McClellan, Alabama.

Entonces se me dijo que no podía tener contacto de ninguna índole con nadie de la Iglesia Pentecostal Unida Internacional (UPCI) del estado donde estuviera reclutada porque no estaba viviendo de acuerdo a los estandartes de santidad. Nada de cartas, llamadas, reuniones, o contacto. ¡Estaba sola! Le prometí que no tendría contacto con nadie, y guardé mi promesa. Finalmente viví para Dios sola, sin iglesia, sin pastor por casi dos décadas hasta recibir mi jubilación médica de las Fuerzas Armadas. De vez en cuando asistía a iglesias misioneras que estaban cerca donde estaba estacionada o cuando estaba desplegada.

Para este tiempo, tenía diecisiete años cuando me enlisté en el ejército, me fui a casa y mis padres me iban a encerrar bajo llave y les dije que si me vendían otra vez, incluyendo esa noche, en cuanto cumpliera dieciocho años y fuera una persona adulta los iba a entregar a la policía, porque el estatuto de limitaciones de las disposiciones penales por violación en ese tiempo eran nueve meses. Ya nunca más fui vendida. Mientras esperaba ser enviada del Entrenamiento Básico a Entrenamiento Avanzado, le preguntaba a Dios una y otra vez, ¿Por qué? ¿Por qué esto me ocurrió a mí? Nunca escuché la voz de Dios o una respuesta de Él HASTA QUE...

Tuve mi primera tarea en el Fuerte Sam Houston, Texas. Apenas era una joven de diecisiete casi dieciocho y llena de vergüenza. Patrullaba como oficial de policía militar. Estaba completamente sola en mi primera tarea y mientras patrullaba miré a una mujer soldado corriendo desnuda por el estacionamiento del cuartel donde los médicos van a Entrenamiento Avanzado. Pensé que esta soldado era una exhibicionista hasta que vi el terror en sus ojos y en su rostro. Supe al instante por qué ella estaba aterrada, porque ese mismo terror yo lo sufría cada vez que me encadenaban en aquel gallinero. Salté de mi patrulla, corrí hacia ella con una manta verde del ejército, la cubrí y la subí a la patrulla y la llevé inmediatamente a la Atención Médica del Cuartel (BAMC) para que se le realizara una prueba de violación. Le pregunté quién la había violado. Se rehusó contestarme mientras las lágrimas corrían de sus ojos. Me quité el saco del ejército que traía las insignias que señalaban mi rango, para verme como una mujer normal para ella. La tomé de ambas manos y comencé a contarle acerca de mi vida creciendo y siendo vendida a hombres para pagar las adicciones de mis padres. Empezó a llorar y me contó todo lo que sucedió, y pudimos aprender y condenar al violador que también había violado a trece soldados más, hombres y mujeres, y lo sacamos del ejército.

En mi regreso a casa después de patrullar, escuchaba música cristiana en el radio, como si fuera mi momento de asistir al servicio de adoración, y tenía mi lección bíblica y un tiempo de oración una vez que llegaba a mi dormitorio en el cuartel. De la nada, mientras cantaba los cantos, Dios dijo, "Esta es la razón por qué Missti..." Me pegó tan duro eso que me orillé y lloré tanto sacando años y años de dolor y auto aborrecimiento. Agradecí a Dios que fui yo la que pasé esa horrible vida como niña en vez de algún hermano o hermana en la iglesia que no hubiera podido soportar y que hubiera optado por suicidarse. Le agradecí que no me mató cuando le supliqué para terminar aquella vida de catorce años de tanta miseria y sufrimiento. Después me convertí en la dirigente de investigaciones de violación en nuestras bases, ayudando al Departamento de Investigación Criminal (CID), al Servicio de Investigación Criminal Naval (NCIS), a la Agencia de Inteligencia Central (CIA), y a la Policía de Investigaciones Militares (MPI) con casos relacionados a violación y violencia doméstica. Al compartir mi testimonio con las víctimas, les ayudaba a sentirse cómodas para que finalmente relataran quién las había violado. Con esa información podríamos formalmente acusarlos y ponerlos detrás de las rejas.

Eso no fue todo lo que Dios hizo por medio de todo esto. Habían pasado algunos años de haber ingresado en el ejército, cuando mi padre tuvo que ir a la Cruz Roja para poder contactarme. Había dejado a mi familia para bien y no había tenido contacto con nadie que conocía de mi pasado, como lo había prometido. Me dijo que cuando fui recluida por el ejército él tenía pesadillas de

Vietnam (él fue parte del Comando Aéreo 82do que sirvió en el Servicio de Inteligencia Crypto en Vietnam), y todo lo que él pensaba era que me capturaban los del Norte Viet Cong. Durante ese tiempo él se hizo sobrio y se divorció de mi madre. Ya mi madre no necesitaba jugar a la "iglesia" había dejado a Dios y se había casado con alguien más. Mi padre me explicó que tuvo que vender la casa durante el divorcio y ahora vivía con un amigo.

Comencé a llorar, y Dios removió todo el odio y la amargura de mi vida. Le dije a mi papá que lo perdonaba, apenas regresaba de Somalia donde habíamos perdido a dieciocho soldados, cuatro de ellos muy amigos míos. Sabía que por combatir en una guerra probablemente fue la razón por qué él empezó a usar drogas y después convertirse en adicto, de lo que después ya no podía librarse. Le pagué el boleto del tren para poder venir a verme. Cuidé del hombre que una vez me había vendido para pagar su adicción hasta unos meses antes de su muerte. Dios me ayudó a perdonarlo, porque el perdón no era solo para él, sino que también para mí misma. ¡Eso no era todo lo que Dios hizo! Había visto a cuatro doctores en dos países quienes me dijeron que no iba a poder tener hijos. Yo estaba bien con eso porque ¿quién se querría casar con alguien como yo? Una mujer apostólica, que no solo fue vendida por catorce años y Dios sabe a cuántos hombres, ¡y que aparte era militar! Ni se me permitía asistir a la iglesia la mayoría de las veces y sí se me permitiera, ¿qué clase de hombre temeroso de Dios se fijaría en mí y pensar que era material para ser "esposa" al saber todo sobre mi pasado? Hoy en día soy madre de cinco, dos de los cuales nacieron de mi vientre, y si eso no es un ejemplo de la Gracia de Dios, entonces escucha también lo siguiente, ¡También soy la esposa de un MINISTRO! Si te mantienes fiel a Dios y no permites que el pecado de alguien más se convierta en tu pecado, puedes evitar dañar a otros dentro y fuera de la iglesia. Tu ADN espiritual será reconfigurado, y déjame decirte, te gustará todo lo que resultará.

Si Dios puede amar y perdonar a alguien como yo, una mujer que había sido prostituta (no obstante contra mi voluntad... eso fue lo que era) y amar a una soldado que mató a varias personas, sí, sí era la guerra, pero aun así haber matado personas, entonces NO HAY ALGO QUE TU HAYAS HECHO EN TU VIDA TAN MAL QUE DIOS NO PUEDA PERDONARTE. EL TE ABRAZARA Y TE DARA LA BIENVENIDA DE REGRESO A EL. Espero que este, mi testimonio, te ayude a comprender que no estás tan lejos o que no eres tan "malo" o "mala" que Dios no pueda amarte. ¡Dios te da otra oportunidad! ¡Date también tú otra oportunidad! Te dejaré con esto siguiente. Se nos decía a los soldados antes de desplegarnos a Afganistán justo después de los ataque del 9/11, cuando estaba estacionada en el Fuerte Lewis, WA. Espero te anime, como lo hace a mí:

YO SOY CRISTIANO

¿Quién soy?
¡Yo soy cristiano!

¡Así es! ¡Y debes recordarlo en medio de todas tus luchas y dificultades!
Conquistaré aquello que no ha sido conquistado.
La derrota no es mi credo.
Yo creeré, lo que otros han dudado.
Yo siempre me esforzaré a mantener el prestigio, honor, y respeto a Dios y a mis compañeros hermanos y hermanas en Cristo.
He entrenado mi mente por medio de la oración y mi cuerpo va a obedecer.

¿Quién soy?
¡Yo soy un cristiano!

Reconoceré el hecho que mi enemigo, el Diablo, no quiere que yo gane ni que sobreviva.
Él debe saber esto, ahora mismo: ¡Nunca me rendiré!
¡La debilidad no estará en mi corazón!
¡Recurriré a mis compañeros en la iglesia, a aquellos que me trajeron a esta Verdad, aquellos ministros que me han entrenado, y recibiré fuerza de ellos!

¿Quién soy?
¡Yo soy un cristiano!

*Con alegría saldré al campo de la batalla espiritual,
Y me moveré, me escurriré, y haré todo lo que pueda para vencer a Satanás.
¡Llegaré al campo de batalla espiritual con todos los medios de Dios a mi disposición!
¡Y cuando llegue ahí, llegaré violentamente, y lo tomaré por fuerza!
Destrozaré el corazón de mi enemigo, el Diablo,
¡Y lo dejaré por los suelos debajo de mis pies, mientras adoro a Dios por la victoria!
¡Porque Satanás no puede detenerme!*

*¿Quién soy?
¡Yo soy un cristiano!*

*A mi lado, tengo a mis hermanos y hermanas en Cristo: Compañeros.
A mi espalda, tengo una legión de Ángeles listos para pelear junto conmigo.
¡Frente a mí, tengo al Señor Jesucristo, quien me guarda y me protege!
¡Todos han estado conmigo en lo fácil y en lo más difícil!
¡En sangre, en sudor y en lágrimas!
¡NUNCA dejaré que mis compañeros caigan o fracasen!
NUNCA defraudaré a Dios, ni a mis compañeros ni a los ángeles.
Y, ¡NUNCA dejaré a un hermano o hermana detrás solo en el altar o en los campos de batalla!
Porque nuestros adversarios, el diablo y sus demonios, ¡no conocen mi corazón!*

*¿Quién soy?
¡Yo soy un cristiano!*

¡Nadie me negará la Palabra de Dios y Su salvación!
¡Nadie me definirá, pues Dios es el autor y el consumador de mi fe!
Y, ¡nadie me dirá quién o qué soy, o lo que pueda o no pueda ser, porque Dios conocía mi nombre desde antes que naciera!
¡El CREER cambiará mi mundo!
¡Ha movido montañas!
¡Ha movido continentes!
¡Ha movido países!
¡Ha puesto al hombre sobre la luna!
Y, me llevará en medio de CUALQUIR batalla espiritual que Satanás emprenda sobre mí!
Me acordaré de los guerreros que fueron antes que yo, como Josué y Caleb, y le diré a mi corazón, "¡Puedo tomar la victoria!" ¡No importa que tan grande la lucha pueda ser!

¿Quién soy?
¡Yo soy un cristiano!

"Derrota" y "Retroceso", esas palabras no son parte de mi vocabulario. No comprendo sus definiciones.
No siempre entiendo cuando las cosas salen mal.
No entiendo mis errores todo el tiempo.
Pero sí entiendo esto: ¡Comprendo que Dios me lleva hacia la victoria, y comprendo que nunca me daré por vencido a Satanás y al mundo!
No importa que tan mal se ponga la situación, mi corazón, mi mente, mi fe, la Palabra de Dios y mi confianza en el Dios Todopoderoso cargarán mi cuerpo cuando mis extremidades estén demasiado débiles.

¿Quién soy?
¡Yo soy un cristiano!

¡Hoy será el día!
No mañana, ni la próxima semana.
¡Sino hoy y aquí mismo!
¡En este altar, en esta casa de Dios o en mi hogar!
No retrocederé, ni gatearé ni huiré de esta batalla espiritual en la que estoy.
Sino que ¡correré a los campos de batalla con Autoridad en el Nombre de Jesucristo!
¡Y ganaré esta batalla!
¡La historia me recordará!
¡Los demonios sabrán mi nombre, así como supieron el de Jesús y el de Pablo y huirán de mí mientras resisto al maligno!
No me preocuparé ni esperaré que ellos sean amables conmigo, ¡porque si Dios es conmigo, quién es contra mí!
¡Dios ya me ha definido!
¡Continuamente cantaré alabanzas a Su nombre, y le daré gracias, no importa en qué batalla me encuentre, o que cima tenga que escalar para alcanzarlo a Él!
Y nadie me dirá lo que puedo o no puedo ser por causa de mi pasado, ¡porque Dios ya ha trazado el plan perfecto para mi vida y mi futuro!
¡Yo nunca regresaré de donde Dios me ha traído!
¡No miraré hacia atrás!
¡Me acordaré de la esposa de Lot!
Nunca renunciaré, hasta saber que le haya dado a Dios todo mi cuerpo, mi mente, y mi alma, ¡y que Él me haya llamado a casa a estar con Él!

¿**Quién soy?**
¡**Yo soy un cristiano!**

¡*NUNCA OLVIDES QUIEN ERES!*

Arthur & Dalila Janos

La Familia Janos

CAPÍTULO 3

Dalila Janos

Él tenía como 10 u 11 años de edad cuando lo vi por primera vez. Lo recuerdo claramente, vestía una camisa blanca con una delgada corbata negra, pantalones negros y zapatos negros brillosos. Era el niño más adorable en el lugar. Lo que me llamó más la atención fue el hecho que tenía una gran sonrisa en su rostro y cargaba una Biblia grande en sus brazos, sujetándola como un tesoro. Era el comedor de la Iglesia Apostólica en Beaumont, California donde mi padre era el pastor que vi por primera vez a Arthur Janos. La gran sonrisa en su rostro y los ojos brillantes me decían que era un chico feliz. Incrementó mi interés en saber con quién llegaba. Junto a él estaba su hermana con un vestido abultado con cabello rizado atado con unos moños muy bonitos. Luego vi a su mamá, una mujer esbelta que vestía de una forma hermosa con sus accesorios muy bien coordinados. En sus brazos traía a otro bebé adorable de mejillas grandes, redondas y apetitosas para apretujar. La familia estaba vestida impecable y todos bien peinados. Su mamá, Martha, los llevaba a sus lugares para que comieran y convivieran con los demás después del servicio de adoración que acababa de finalizar. Desde ese momento, seguimos viendo a Martha y a su familia en diferentes eventos ya que ella asistía en la iglesia vecina de Banning. Era muy adorable ver al pequeño Arthur vestido tan bien y llevando su gran Biblia. Se veía como un pequeño ministro en desarrollo. Viendo hacia atrás, honestamente puedo decir que fue amor a primera vista sin embargo yo no tenía ni idea en ese tiempo. Después de todo, yo era seis años más grande que él en ese entonces, era una estudiante de preparatoria tratando de encajar.

Cuando él tenía como catorce o quince llegó a ser miembro de la iglesia en Beaumont con nosotros. Teníamos clases de Escuela Bíblica en inglés a las cuales la mamá de Arthur quería que asistiera. Me acuerdo cuando ella habló con mi padre respecto a él.

Ella le dio su testimonio de cómo él era un niño milagro. Le dijo que los doctores querían que ella lo abortara porque supuestamente estaba deforme. Le dijeron que no iba a vivir una vida longeva y que su calidad de vida sería muy pobre. Ella oró y el Señor le contestó y le dio un niño saludable y feliz y sin defecto alguno. Todo lo contrario de lo que los doctores habían predicho, él era un joven fuerte, saludable e inteligente. Ella cuidó de todos sus hijos, pero Arthur era su hijo milagro. Ella le pidió a mi padre que si se podía congregar con nosotros. Ella era muy celosa por sus hijos y quería que él aprendiera lo más que pudiera y que conviviera con la juventud de nuestra iglesia. Mi padre naturalmente estuvo de acuerdo. Él recogía a Arthur para llevarlo a la Escuela Dominical y pasaba todo el día con nosotros. En ese tiempo teníamos devocionales de escuela dominical, una clase, y luego regresábamos a otro devocional para decir nuestros textos de memoria y terminar nuestra clase dominical. Comíamos todos juntos y esperábamos para el servicio de adoración por la tarde. Era un tiempo especial que pasábamos juntos. Éramos una congregación muy unida y realmente disfrutábamos la convivencia.

Nuestra familia siempre estaba asistiendo a muchos eventos de la iglesia en todas partes y Arthur estaba ahí junto con nosotros. Mi padre lo tomó bajo su cuidado y llegó a ser como un nieto para él. De hecho, cuando nos reuníamos con familiares de otras iglesias, mis tías preguntaban, "¿qué nieto es él?" Les teníamos que explicar que era un joven de la iglesia porque siempre lo veían con nosotros. Mientras pasaba el tiempo, Arthur se convirtió en líder de la juventud y se movió por varios niveles de liderazgo. Tuvo una crianza muy buena, muy noble y amable, muy respetuoso con todos y siempre ofreciéndose a servir a los demás. Era callado y reservado pero muy astuto e inteligente. Siempre trataba de aprender y de mejorar.

Un día, mientras regresaba de compras del mercado con mi mamá, en casa me encontré con un perrito de peluche y una rosa de cristal en un pequeño jarrón. Mis hermanos cuchichearon y dijeron que era de parte de Arthur. Fue algo muy dulce porque para mí, era como que sí él nomás estuviera pasando por una etapa de amor infantil. ¿Mencioné que él era seis años menor que yo? Yo lo veía hasta el momento como un hermano y un colaborador. De hecho, yo me enojaba con él porque él era el presidente local y se le olvidaba mencionarme que nos tocaba la cocina el día siguiente. Me decía, "No te preocupes, yo compraré todo, tú solo cocina el platillo principal." Normalmente hacíamos tacos porque eran fáciles y rápidos de preparar. Después me confesó cómo le gustaba que trabajáramos juntos y que le halagaba cómo yo siempre cedía a sus planes de último momento.

Pues así, mientras pasaban los años nuestra amistad creció y siempre teníamos conversaciones muy interesantes y significativas. Siempre me pedía que saliéramos a comer o cenar y yo siempre le sacaba la vuelta y le decía que algún día. Ese día llegó cuando me presenté en el banco Wells Fargo donde él trabajaba en El Paseo Drive en Palm Desert en 1997. Yo tuve una oferta de salir a comer por parte de un abogado con quién trabajaba y respetuosamente le dije que no podía salir a comer con él, haciéndole saber que tenía otros planes, estiré un poco la verdad porque no quería ir a comer con él, pero realmente si tenía ganas de salir a comer con alguien. Como resultó, mi querido y encantador amigo Arthur trabajaba en la misma ciudad que yo, así que fui a ver si quería salir a comer. Nunca olvidaré la mirada en su rostro cuando entré y que él se aproximaba a la puerta principal para salir a comer. Lo tomó por sorpresa. Tuvimos un tiempo de comida muy lindo que aquella hora pasó volando. Al fin del día terminamos llamándonos y nuestra amistad continuó haciéndose aún más fuerte. Arthur ya se había convertido en un individuo maduro, responsable y cariñoso y ya no lo veía como un pequeño muchacho. Miraba en él una pasión por Dios y un joven cortés, firme que tenía una dirección y que era determinado. Luego recordé aquel jovencito de pantalones negros y camisa blanca con una gran Biblia en sus manos. Había sido educado y orientado para convertirse en un joven muy especial. Todos quienes lo conocieron estarían de acuerdo conmigo. Era un tipo con clase, único y agradable, sociable y alegre, listo para servir en vez de ser servido. Le agradezco a Dios porque me abrió los ojos para ver lo que estaba delante de mí porque él tenía planes para irse a Rhode Island y perseguir su carrera, y como él mismo dijo, 'tratar de olvidarse de mí' porque pensaba que yo no estaba interesada en él.

El día que me pidió que me casara con él yo pensé que me iba a pedir que fuera su novia. Quedé totalmente sorprendida. Cuando le dije que estaba poniendo la carreta antes que el caballo, su respuesta fue "Noviazgo es para conocer a alguien. Nosotros ya nos conocemos por ocho años. Yo sé lo que Dios tiene para mí. No necesito pruebas." Tenía razón. Lo había conocido por ocho años, habíamos trabajado juntos, asistido a servicios, ensayos de coro y muchas cosas juntos, habíamos servido como directivos juntos. Yo sabía dónde estaba su corazón.

Admiraba su paciencia y amor y determinación por haberse mantenido firme y no haberse dado por vencido acerca de mí. Fue la mejor decisión que yo jamás haya hecho. Él fue el mejor esposo que cualquiera pudiera soñar. Siempre fue respetuoso. Nunca me denigró ni a nuestros hijos. Siempre hacía tiempo para nosotros y siempre nos hacía sonreír. No me podía enojar con él porque nunca había razón. Si yo me salía por un tangente y me empezaba a enojar, me tomaba en sus brazos y me acercaba a él hasta que yo comenzaba a llorar porque me llenaba de su amor y me decía que nada vale la pena como para enojarse. Después bromeaba y me hacía reír tanto que me era imposible enojarme. Me enseño tanto por la manera que vivía su vida. Continuamente me recordaba del amor y la misericordia de Dios.

Llegó el día que le pidieron que fuera Pastor. La propuesta era ir a pastorear una iglesia en Texas. Nuestro pastor nos dijo que oráramos y ayunáramos por dos semanas y luego le diéramos una respuesta. Lo hicimos. Al inicio de mi ayuno estaba temerosa y llena de dudas. Le oraba al Señor que yo no estaba lista y que sentía que mi esposo tampoco estaba listo. Él era demasiado amable y tierno, dócil y muy amigable. Después de todo, soy una hija de pastor y yo sabía que la vida pastoral se vive bajo un microscopio y recibes golpes de todas partes. Sabía lo difícil que era y le hice al Señor una lista de todas las razones por las cuales yo pensaba que Arthur no estaba listo. Ahora, pensando en aquel momento, sabía que lo que quería era más bien protegerlo. Cuando le presenté mi lista mental de razones por las que creía que Arthur no estaba listo, la respuesta de Dios fue, 'Yo no doy listas, ni le pongo atención a las tuyas; ¿por qué haría eso con él?' Entonces mi respuesta fue, "¿Por qué Texas? ¡Yo no creo que pueda irme a Texas!" Y Su respuesta fue, "¿A dónde irían que no estuviera yo con ustedes?" Eso fue suficiente para mí para bajar la guardia, rendirme y seguir a mi esposo y dejar al Señor hacer lo que Él iba a hacer en nuestro ministerio juntos. Arthur no sabía de la lista que yo traía. No tenía el valor para decirle. El capítulo 13 de Corintios se repetía en mi mente, y cuando el Señor me habló en la manera que lo hizo, Él confirmó lo que estaba sintiendo en mi espíritu. No podía interponerme en el camino de lo que Dios estaba por hacer. Arthur ya estaba determinado y sabía el plan de acción que tomaría. Él solo estaba esperando mi respuesta.

Nos preparamos para reunirnos con el Obispo Presidente Daniel Sánchez. Camino a las Oficinas Generales, Arthur me pidió que le hiciera un pequeño examen de la Constitución de la iglesia. Estaba nervioso y orando para 'pasar el examen.' Nos reunimos por dos horas con el Obispo Sánchez. Lo primero que nos dijo fue que no estábamos ahí para ser aprobados porque ya estábamos aprobados. Nos dijo que estábamos ahí para recibir consejería. Al finalizar esta consejería muy sincera y especial, el Obispo Sánchez nos dijo que había otra iglesia que quería que consideráramos. Nos dio a escoger entre Texas y Oregón. Nos dijo que oráramos al respecto y que incluso visitáramos cada lugar para poder hacer nuestra decisión. Decidiríamos en dos semanas. Estábamos muy contentos y maravillados. Inmediatamente Arthur dijo, "¿a quién le dan a escoger?" Decidió no visitar ninguna de las dos Iglesias. No quería que su mente fuera influenciada por apariencias o pretensiones. Buscó la dirección de Dios, dependiendo totalmente en Su dirección. Así que en las dos semanas que se nos dieron, Arthur empezó a aplicar por trabajo en ambos estados cerca de donde estaban las iglesias. Las dos ciudades tenían trabajos prometedores que le pedían entrevistas. En un trabajo en Salem, Oregón le dijeron que él estaba en segundo lugar y que el trabajo se lo habían dado a otro solicitante. Le dijeron que tendrían su currículo a la mano. Otra vez, Arthur envió su currículo e hizo llamadas a compañías de mudanza, alquiler de casas y todo lo demás. El final de las dos semanas se acercaba y nada parecía fructificar. Mientras le comentaba a uno de sus mejores amigos acerca de lo que estaba sucediendo, le preguntó, "¿Qué vas a hacer si no encuentras nada?" Su respuesta fue, "De todas formas me voy a ir sin importar esta situación. Nada me va a detener." Nadie estaba regresando sus llamadas y se estaba impacientando; tanto que una noche no podía dormir. Lo sentí dándose vueltas y vueltas y finalmente se levantó y fue a la sala. Y luego regresó y durmió como bebé. A la mañana siguiente recibió una llamada del banco de Salem ofreciéndole el trabajo porque el primer solicitante los había rechazado. La agencia de alquiler de casas le habló y le dijo que habíamos sido aprobados para una casa y la compañía de mudanza le ofrecieron el mejor precio que podíamos tener. Él estaba asombrado. Me contó cómo había estado estresado y había orado la más ferviente oración que jamás haya hecho en su vida y sintió que una carga se le había quitado cuando le pidió al Señor que se hiciera cargo de todo porque él ya no podía más. Efectivamente, las puertas se habían abierto y todo empezó a caer en su lugar para que nos moviéramos a Oregón. Creo que es importante notar que Arthur estaba en ese tiempo leyendo un libro llamado The Barbarian Way (Al Estilo Bárbaro, Desata la Fe salvaje que está dentro de ti) por Erwin McManus y eso hizo un gran impacto en él. Le dio mucho mérito ese libro en cómo le ayudó a caminar en fe. Le encantaba leer y tenía una gran colección de más de 400 libros.

El día que llegamos a Woodburn, Oregón para celebrar la ceremonia de instalación, nuestro hijo Benjamín tenía cinco años y nuestra hija Emily tenía nueve. Benjamín estaba muy emocionado que apenas podía esperar que llegáramos para correr y conocer a todos. Estaba entusiasmado de conocer personas nuevas y hacer nuevos amigos. Emily era calmada y un poco más cautelosa, pero también ella estaba emocionada de empezar esta nueva vida con su familia. Todos eran amables y cariñosos. Nuestra recepción fue muy cálida y sincera. Rápidamente conocimos a todos y encajamos muy bien. Aprendí que todo fluye en su lugar cuando estás conectado con Dios. Él abrió nuestros ojos y nos guió sobre la marcha. Tuvimos nuestras luchas pero Dios prevaleció en todo momento. En una ocasión, mientras buscábamos como iglesia tener nuestro propio edificio y que ya habían buscado también antes que nosotros llegáramos uno que había sido puesto en renta. Los miembros le explicaron a mi esposo que previamente habían declarado ese edificio dándole siete vueltas. El edificio estaba decaído y ocupaba muchas reparaciones. De pronto, otra congregación comenzó a rentarlo, y a nuestra congregación se le hizo duro creer que ese edificio no era para nosotros. Como al año mi esposo supo que lo estaban rentando otra vez. La iglesia oró al respecto y el Señor abrió las puertas para que el edificio se pudiera rentar con la opción de compra. Resultó que quienes acababan de rentarlo le habían hecho todo tipo de remodelación necesaria solo para dejarlo listo. El primer precio que se ofertó era una renta muy alta que no podíamos costear, pero le agradó mi esposo al dueño, o como decía mi mamá, "la gracia que viene de Dios" en los ojos del dueño hacia mi esposo, que pudo cerrarse un muy buen trato y así también formarse una amistad entre ellos dos.

Estuvimos ahí seis años y en al borde de entrar a un ritmo nuevo de vida en el verano del 2015. En ese tiempo mi esposo iba a renunciar de su trabajo de tiempo completo de administrar dos sucursales del banco y se iba a dedicar completamente al pastorado. Estaba muy involucrado en la comunidad como presidente de la cámara de comercio, como miembro de la mesa directiva de un hospital local, y miembro de la directiva de un centro literario, así como también secretario del distrito aparte de ser pastor. Quería establecer una presencia en la comunidad en un esfuerzo de lograr diferentes alianzas. Su influencia en la comunidad era ampliamente sentida y conocida. Como parte de su colaboración, daba discursos en las universidades con presentaciones del Servicio del Liderazgo. El creía que el servicio del liderazgo se vivía con el ejemplo de ofrecer servicio en vez de ser servido. Dejó una impresión duradera en su comunidad. Trabajó fervientemente para hacer lo mejor que podía en cada posición de liderazgo que tuvo. El mismo día de su partida (falleció de un ataque al corazón) había dado una presentación, una corta "lección" a los miembros de la directiva de la cámara de comercio. Habló de establecer metas y usó la analogía de una barquilla. Sus notas tenían como título, "¿Eres un remador, un pasajero o una ancla?" Dejó un gran impacto en uno de los miembros que después nos dijo cómo su mensaje lo había hecho reflexionar en la vida de los apóstoles. Esa noche iba a cenar con Arthur y estaba emocionado de platicarle del impacto de la lección.

Después de escuchar de su repentina muerte, ni siquiera puedo poner en palabras como me sentía. Nunca tuve la oportunidad de decirle adiós, mi vida de una momento a otro era un completo caos. El día de su funeral, muchísima gente de la comunidad vinieron para rendirle homenaje y se encontraron con un servicio lleno de gozo que celebraba a Jesús de la forma que Arthur lo celebraría. A Arthur le gustaba adorar a Dios. Él siempre quería cantos que tuvieran un verdadero significado de adoración a Dios. Se sentaba y meditaba por horas escuchando música de adoración mientras recibía inspiración del Espíritu Santo. Era algo hermoso verlo y escucharlo.

Él terminó su carrera. El legado que dejó atrás en la manera cómo vivió su vida nunca será olvidado porque demostró que fue un hombre temeroso de Dios que amaba al Señor y que estaba completamente lleno de Su

Espíritu Santo. Ese impacto y legado son semillas que fueron plantadas en las vidas de muchas, muchas personas. Las semillas que él regó fueron muchas y en un rango amplio de diversas culturas y trasfondos donde Dios consideró necesario. Mientras estoy sentada y escribo, me recuerdo de las diferentes organizaciones a las cuales pertenecía y todas las personas que conocimos en la marcha y que él logró impactar. Esa es una vida bien vivida, una vida que no se desperdicia, sino una vida que se vacía hasta la última gota que glorifica a Dios y refleja Su amor y misericordia. Muchas de estas personas se me acercaron y me dijeron de cómo Arthur impactó sus vidas. Una de sus colaboradoras dijo que ella era tímida y tenía miedo hablarle a su jefe (Arthur) porque su jefe anterior la había hecho sentir una inepta. Ella me decía que aún ella sabiendo que había cometido un error, Arthur nunca la señalaba ni se burlaba de ella. Sino que le decía cómo se debían hacer las cosas y la animaba. Otro empleado me comentó que estaba a punto de renunciar y buscar otro empleo porque no tenía su certificado de preparatoria (GED). Arthur lo conectó con un programa local literario en el que estaba involucrado y este joven logró completar los estudios necesarios para tener su certificado; Arthur después lo contrató para el banco que administraba. Este joven vino a mí llorando y diciendo lo agradecido que estaba que Arthur tuvo el interés en él y le dio una segunda oportunidad. Él oraba por ellos y les ayudaba a enfocarse en Cristo como la respuesta para sus vidas.

Desde que mi esposo falleció hace un año en el momento de escribir esto, he estado batallando para hacerle frente a todo. En la superficie soy fuerte y victoriosa pero oculto en las sombras estoy débil, desgarrada, abatida (2 Corintios 4) etc., etc. Cuando me mantengo ocupada y enfocada haciendo algo más, estoy bien, pero cuando me enfocó en él y lo mucho que lo extraño y lo necesito y lo quiero, quedo hecha una papilla sin resistencia ni propósito en la vida. Literalmente me encuentro sin poner atención a los demás y solamente rodeada de las circunstancias que agobian mi vida. Evidentemente, la pregunta más obvia que no debiera hacer pero es inevitable no hacerla es, "¿Por qué?" Y la siguiente pregunta, "¿Cómo? ¿Cómo puede ser esto?" He sorteado cada escenario y cada probabilidad en mi mente y llego a la misma conclusión. Esta hecho. No importa qué pregunté o qué reclame: Esto ha finalizado.

La vida que compartimos juntos no fue en vano y vivimos a plenitud como supimos vivirla. Puedo decir honestamente que su vida a lo largo del tiempo impactó a millones. Puedo decirlo con seguridad porque la forma que él vivía su vida era contagiosa. Tenía esa forma de sacar lo mejor en los demás. Definitivamente él hizo eso conmigo y nuestros hijos. ¡Fuimos los más beneficiados! La manera de impactar a millones es que vives estableciendo el ejemplo y fijando el estándar alto y tratando de superarlo. Cuando impactas una vida, esa vida es compartida con todos en la vida de esa persona y así sigue y sigue. En su funeral hubieron más de 500 personas miembros de la iglesia, distrito, bancos y negocios de la comunidad. Su funeral fue muy bello y en mi parecer la cereza en el pastel: celebramos a Jesús y Su resurrección y Su venida para todos aquellos que tienen la misma esperanza de gloria en sus vidas como Arthur. Todo el propósito y gozo de su vida estaba revelado en aquello a los cuales impactó. ¡Yo estaba asombrada! La gran cantidad de personas que estuvieron, aparte los miembros de la iglesia y miembros del distrito de Oregón que reflejaban las vidas que había tocado. Vinieron a apoyar y salieron gozosos porque veían lo que llenaba el corazón de este hombre. Dirigía con el ejemplo y para algunos era poco convencional. Vivió su vida en las trincheras y trataba con la persona ordinaria. Siempre vestía impecable, así que nada en él, ni aún su apariencia, era ofensiva. Las personas respetaban eso y era de admirar. Nunca desperdició un momento aunque su paciencia continuamente era probada con muchas circunstancias. Lograba reconocer la oportunidad para voltear las cosas para bien.

Los discípulos, dice la Biblia, que hacían la labor de bautizar y Juan 1:33 declara que Jesús era quién bautizaba con el Espíritu Santo. Su trabajo nunca se ha detenido. Lo que quiero decir, es revelar lo que me fue revelado, lo más que veía la vida de mi esposo, lo más que veía la vida de Cristo en él y su vida modelaba y ejemplificaba la vida de Jesús. El daba una conferencia en la universidad cada año titulada El Líder Siervo. Impresionaba la visión que ser un líder significaba ser un siervo. Tenía una forma de tocar los corazones de muchos por la forma que vivía su vida. Así como Cristo tenía sus escépticos, así también mi esposo. Pero aquellos que lograron caminar con él, pudieron verdaderamente ver el corazón y su pasión por Cristo. Con razón mi corazón se aflige tanto. Sin él me sentía sin propósito y menos merecedora de continuar en el ministerio. Caí en un hoyo profundo y anhelaba el consuelo y un receso de pelear la buena batalla porque me estaba debilitando espiritualmente.

Añoraba una amistad que me consolara, que estuviera ahí porque las voces en mi mente me decían, "¿Dónde están las amistades por las que tú estuviste ahí? ¿Dónde están esas palabras de consuelo que deberías estar recibiendo en este momento? ¿Por qué lo que sembraste no lo has cosechado aún?" "¿No le has puesto en el corazón de alguien que piense en mí y que me demuestre que me amas?" Estaba sintiendo lástima por mí misma. Me lamentaba que había tenido un gran amor pero por el otro lado no estaba agradecida por el privilegio de haber compartido su vida. Aun así, deseaba una amistad como la de Proverbios 17:17. A pesar de las acusaciones y dudas que empañaban mi mente, Cristo me habló y trajo a mi memoria todas las palabras de consuelo que yo había dado y me dijo que Él había sido quien las puso allí en primer lugar y que era todo lo que verdaderamente necesitaba. Él es el amigo de Proverbios 17. Así que lo recité en mi mente una y otra vez y las comencé a decirlas sobre mi vida y luego sucedió. Fue como si Él me llamara por mi nombre y resucité una vez más. ¡La palabra hablada es muy poderosa! Me di cuenta que Él permitió esa muerte, así como permitió la muerte de Lázaro, para Su honra y Su gloria. Un estudio sobre 2 Corintios 4 encarna por qué Cristo hace lo que hace, aun cuando la muerte física llega a tu hogar. El resultado final es Su gloria y todo vale la pena. El peso de esta vida no es nada comparada con el peso de gloria en la eternidad. Nuestra vida es tan solo una partícula diminuta comparada con la eternidad.

Así que, me levanté y antes de levantarme me hinqué y le agradecí a Dios y me amó y me mostró cuál era mi propósito y que siempre ha sido y qué tan importante era continuar. Es tan sencillo, que parece gracioso. A veces pensamos que debemos alcanzar las masas de maneras convencionales como otras personas esperan. Dios quiere que usemos nuestros dones que tenemos al máximo. Sea lo que hagas, hazlo para el Señor. Hazlo con todo tu corazón y dalo todo sin dejar reservas. Él me mostró que soy y siempre he sido una escritora. Los pensamientos e ideas que Él ha puesto en mi mente a lo largo de mi vida son mi propósito y mi destino. Esos son los planes que Él tiene para mí (Jeremías 29:11-13). Él me mostró lo importante que es hacerle saber a alguien que te importan. Él quiere que lo comuniquemos. Quiere que nuestra luz brille. Que aprovechemos el momento. Cuando Él trae a alguien a tu mente, al instante ora por ellos y ve más allá y házselo saber que estás orando por ellos. Cuando estás hablando con alguien frente a ellos y sabes que hay una necesidad, no solo digas que vas a orar por ellos, detén lo que estás haciendo y oren juntos. Pidan a Su Espíritu que venga y los llene con Su paz que sobrepasa todo entendimiento. Que las personas lleguen a tu vida es porque llegaron con un propósito. Tu propósito es Cristo. Él quiere revelarse a sus vidas. Planta la semilla, el dará el crecimiento.

Después de estas revelaciones y que la vida regresa, es bueno estar viva. Todo tiene un nuevo significado otra vez y se logra apreciar todo aún más. Comprendo el término que Pablo usaba cuando decía "muero cada día" por causa de la cruz y la propagación del evangelio. Lo que sea que venga en mi camino, que sea para la honra y la gloria de Cristo. Que nuestra vida sea un reflejo de Aquel que entregó Su todo por nosotros para que pudiéramos abrazar una eternidad gloriosa.

Jennifer Brown

Jennifer & Mama

CAPÍTULO 4

Jennifer Brown

La vida es impredecible. Cuando nacemos llegamos a este mundo con nuestros corazones completamente abiertos y llenos de amor. Dependemos de los padres que Dios nos dio para protegernos, amarnos, alimentarnos y proveer para nosotros. Desafortunadamente, para muchos la vida no funciona de esta manera. Nací de una adolescente de dieciséis años que se determinó en tenerme y criarme. Mi padre nunca estuvo activo en mi vida, dejándonos cuando tenía dos años. Mi madre soltera se convirtió a Cristo y recibió el Espíritu Santo cuando yo tenía tres años, hablando en lenguas por primera vez.

Yo era una niña flaquita, rubia, de ojos azules y llena de temor y ansiedad. Estos rasgos negativos me persiguieron hasta mis años adolescentes y recuerdo en muchas ocasiones mientras manejaba a nuestro apartamento me enfermaba por causa del miedo. Suplicaba que me llevaran a la casa de mis abuelos. Había paz y seguridad ahí para mí. Todos sabemos, que todo es mejor en casa de la abuela.

Adelantemos unos años. Yo disfrutaba los campamentos de la iglesia, fui desde los ocho años hasta ser una adolescente. Hice muchos amigos ahí, los cuales todavía conservo. Pensarías que en un campamento cristiano nunca experimentarías que te fastidien o te hostiguen. Siempre creí que los campamentos de la iglesia serían un lugar seguro donde nunca recibiría daños ni heridas. Oh, pero sucede, más de lo que quizás piensas. En el campamento de la iglesia fue donde experimenté heridas que harían que mi corazón se cerrara. He tenido muchas situaciones y circunstancias en mi vida que han permitido que mi corazón se cierre aún más. Mi confianza ha sido fracturada y he sentido el abandono en una manera que nunca pensé que fuera posible. La soledad fue mi constante compañera y mi autoestima quedó aniquilada.

En vez de voltear hacia un Dios de amor que me estaba esperando listo para quitarlo todo, decidí guardarlo, albergar resentimientos y construir murallas de aislamiento. Permití que mis circunstancias me convirtieran en una persona iracunda, amargada y rencorosa. No olvides que continuaba yendo a la iglesia, me sentaba en las bancas, escuchaba la Palabra de Dios y hacía mi personificación del domingo de una jovencita piadosa, solo aparentando. Había escuchado muchos sermones poderosos en mi vida y había sentido el toque del maestro muchas veces. Pero, decidía despertar la mañana siguiente con mis votos de ira, amargura y rencor intactos. Mi corazón estaba bien resguardado, no confiando en nadie, ni siquiera en el Dios que me había creado. Había hecho votos muy concretos de no dejar pasar a nadie hasta cierto límite, fueran familia o amigos, no había diferencia. Había una gran señal en mi corazón que decía "HASTA AQUÍ PUEDES LLEGAR". Había construido muy bien mis murallas y les había agregado alambres de púas para extra seguridad, asegurándome que nadie entrara. El problema era que tampoco nada podía salir. Vivía una vida de soledad.

Sí tenía muchas amistades, pero eran mantenidas a una distancia por protección. En ese tiempo no sabía realmente cómo amar. Había permitido que las circunstancias y situaciones del pasado echaran a perder mi habilidad de amar. No solo perjudicó mi habilidad de amar sino también de recibir amor. ¿Abrir mi corazón? No, de ninguna manera ocurriría, pensaba. No olvides que me seguía sentando en una banca, escuchando sermones y haciendo la mímica de todo, aun así parecía amar mi vida miserable, iracunda, rencorosa y solitaria. Pero no por las razones que crees. Parecía amarlo porque me era familiar, reconfortante y no tenía que hacer ningún esfuerzo. Seamos verdaderos, realmente ni siquiera estaba viviendo la vida. Me refiero, salía de vacaciones, iba a conferencias, salía con mis amistades a cenar y convivir. ¿Realmente vivía una vida plena? No, para nada. Decidía pasar mucho tiempo escondiéndome o debería decir perdiéndome en mi entretenimiento en la televisión, películas, etc. Era consumida por ello y para eso es que realmente vivía. Esto permitió escapar de la realidad y entrar en un mundo de fantasía donde no tenía que pensar o tratar con mi propia cruda realidad. Me enganché, mejor dicho me convertí en adicta, y tenía que ver los shows de la televisión, ver las últimas películas de estreno, comprar las revistas de chisme más reciente.

Estas cosas eran mi consuelo, mi lugarcito, mi seguridad, pero todo esto solo alimentaba mi carne haciendo las cosas más difíciles para poder formar esa relación personal que Dios deseaba tener conmigo. Nunca opté por preocuparme por alimentar mi hombre espiritual. Cuando descuidas al hombre espiritual y dejas que tu carne gobierne tu día a día, es difícil renunciar o vencer toda la basura que albergas en tu corazón. Te convences que estás bien y te sientes cómoda con tus tres camaradas: la ira, la amargura y el rencor. Se convierten en tu familia diciéndote que así estás bien y que no necesitas a nadie más. Por último, terminan convenciéndote que no puedes vivir sin ellos. Había ajustado y adaptado mi vida para hacer lugar para ellos. Estaba convencida que ésta era mi vida y que no ocupaba cambios. Permíteme decirte, es el placer del enemigo mantenernos atados en la manera que nos hace creer y lo que aceptamos y vivimos en nuestra mente y corazón diariamente. Tu vida es un reflejo de lo que permites que crezca en el jardín de tu vida.

La Biblia nos enseña que "cosechamos lo que sembramos", ¿Qué tipo de cosecha estás permitiendo que dominen en el jardín de tu vida? En este momento en particular había permitido la ira, la amargura y el rencor tomar el control de mi jardín. Les había dado la bienvenida, que estuvieran cómodos y les había dado la atención que necesitaban para dominar y crecer con toda facilidad. No me había dado cuenta hasta el momento, pero Dios tenía un plan que iba a voltear mi mundo de arriba abajo y de adentro hacia afuera.

El 8 de enero del 2017 era un domingo ordinario de ir a la iglesia, dirigir a los niños y fingir las formalidades. No tenía idea que Dios había orquestado un evento que transformaría mi vida ese día. En la actualidad vivo con mi padrastro, mi mamá, mi sobrina y sobrino. Había estado descansando en el sillón reclinable viendo un show de tv en mi celular. Mi mamá estaba dormida en el sofá, de los demás no tenía idea qué hacían. Tenía mucha hambre, así que me paré para agarrar algo de comer. Recuerdo haber agarrado comida del refrigerador y volteando a ver a mi mamá y preguntarle si estaba dormida. Lo próximo que recuerdo es despertando en un laboratorio de cateterización en el hospital y preguntando "¿Dónde estoy?" "¿Qué pasó?"

Esto es lo que me dijeron que sucedió. Mi mamá estaba dormida en el sofá y de repente escuchó un ruido muy fuerte, tan fuerte que la despertó y los demás vinieron corriendo. Ella dijo que solo podía ver mis pies y que no me estaba moviendo. Cuando llegó donde estaba literalmente había caído muerta en el piso de la cocina, que por cierto es de azulejo, Inmediatamente mi mamá comenzó a darme primeros auxilios. Empezó a orar desesperadamente en el nombre de Jesús mientras hacía las compresiones en mi pecho. Mientras ella me daba primeros auxilios finalmente hubo pulso en mi corazón pero fue de corta duración y mi corazón se detuvo otra vez. Mi padrastro estaba llamando al 911 y también orando.

Una vez que los paramédicos llegaron a la casa tuvieron que administrar una descarga al corazón para recibir pulso, entre tanto mi mamá estaba en una histeria total llamando a la iglesia para que oraran por mí. De vuelta al hospital cuando desperté, me informaron que había sufrido un ataque cardíaco masivo y que necesitaba someterme a una cirugía de bypass triple. ¿Ataque cardíaco? ¡Solo tenía cuarenta y un años de edad! Ya me habían hecho un cateterismo y tenía tres arterias severamente obstruidas.

Cuando desperté del cateterismo estaban en el proceso de hacerme una tomografía computarizada para ver si había algún trauma o daño cerebral. Algo importante, porque había pegado muy duro en el piso. Estoy agradecida de reportar que no hubo trauma o daño cerebral. Ese es el Dios maravilloso que servimos, los resultados pudieron haber sido muy diferentes. Siendo una persona obstinada, cuando me dijeron que tenía que pasar por una cirugía muy enérgicamente les decía que no, ninguna cirugía para mí. Mi actual escenario era, tenía una bomba insertada en mi pierna que literalmente bombeaba sangre a mi corazón y por mi cuerpo para mantenerme viva. No podía mover mi pie, y ya era el segundo día de estar sobre mi espalda, que era la única forma que podía estar. Efectivamente ocupaba una operación.

Después de posponer a los doctores por unos días, mi mamá platicó conmigo muy seriamente animándome y con mucha resistencia consentí. No tenía idea de lo que iba a suceder. Tengo que compartir este primer milagro de muchos otros en mi testimonio. Cuando el médico inició las pláticas con mi familia acerca de la operación (un bypass triple), él no estaba seguro si podría hacer el bypass y la endoprótesis vascular de seguro no era posible porque mis arterias eran muy pequeñas. Mi mamá no hizo preguntas, entendía plenamente lo que eso significaba. Mejor fue con el líder de oración de la iglesia y mi iglesia se puso a hacer cadena de oración las 24 horas antes y durante la operación. La palabra de Dios dice en Mateo 21:22 "Todo lo que pidieras en oración creyendo, lo recibirás."

El día de la operación, era temprano por la mañana y recuerdo a mi mamá decir que estaban ahí para llevarme a la operación, con grandes lágrimas en mis ojos. En esos momentos en mi vida no me daba cuenta que mi vida estaba en una encrucijada, era un momento decisivo y Dios me amó lo suficiente como para orquestar este momento y arreglarlo todo. Sabía que muchos oraban por mí mientras pasaba la operación, de lo cual siempre estaré agradecida.

De regreso al milagro, quizás te estés preguntando. Una vez terminada la operación el doctor salió e informó a mi familia y a todas mis amistades que habían estado ahí por horas esperando. Sus primeras palabras fueron, "Pudimos arreglar las tres arterias" un resultado directo de las muchas oraciones que se habían elevado a nuestro creador en favor mío. Dos días después salí de la anestesia, por supuesto nadie me había informado a lo que despertaría. Tubos en mi pecho, todo mi cuerpo cubierto de alambres. Habían abierto mi pecho y desperté al espantoso tubo respiratorio. A las tres horas, y después de un agotante proceso finalmente pude respirar por mi propia cuenta sin el ventilador y el oxígeno. Estuve diez días entubada y con alambres por todos lados, pero estaba viva. Esto era literalmente solo el inicio de mi recuperación y mi nuevo viaje.

Me dieron de alta del hospital días después de estar internada. Me dejaron ir con lo que ellos llaman un "chaleco de vida" pero yo lo llamé un "chaleco de tortura". La razón del chaleco es que mis latidos estaban muy bajos y los doctores intentaban que no ocurriera lo mismo que me había sucedido. La función del chaleco era dar descargas eléctricas a mi corazón y si se ocupara reiniciar mi corazón en caso de circunstancias no previstas. Gracias Jesús que nunca lo tuve que necesitar. Cuando salí del hospital me dijeron que tenía que usar ese chaleco por dos meses hasta que mi corazón estuviera más sano. Salí con el chaleco a estar en una cama de hospital que instalaron en la sala de mi casa. Me tenía que adaptar a una nueva manera de vida. Tenía que comer diferente, tomar medicamentos, ocupaba ayuda en todo lo que hacía. La joven independiente que había construido murallas y cercos para no permitir que las personas se acercaran de pronto ocupaba a las personas para sobrevivir. Ocupaba a las personas y yo odiaba eso. Mis muros y cercos estaban intactos resguardando mi corazón como un fuerte militar. Mi pecho había sido abierto completamente. Estuvo anestesiada e hinchada como por cinco meses. Me quedo una cicatriz que ha ido disminuyendo pero que no se irá. No necesito decirlo que yo era un caos total y estaba convencida que mi vida ya no sería la misma que había sido antes. Que en retrospectiva es gracioso, porque mi vida todavía no regresaba a lo que una vez fue.

Adelantémonos a marzo, ya habían pasado dos meses desde la operación y todavía tenía el tortuoso chaleco. Para este entonces ya me había movido a mi cuarto y podía dormir en mi amada cama. Las cosas habían regresado a medio normal, todavía no podía ir a trabajar solo llenaba mi día con terapias tres veces a la semana y por supuesto mis shows televisivos favoritos, películas, etc. Estaba cansada del chaleco de vida, mis noches eran sin dormir y llenas de severa ansiedad. Pensé que estaba perdiendo la mente. La ansiedad y la falta de dormir duraron por meses y añadiendo a eso los repentinos arrebatos de lágrimas, era terrible. Tenía una cita con el doctor, que para ahora ya habían pasado tres meses. Estaba tan lista para quitarme el chaleco de vida. Me hicieron un ecocardiograma el cual mostró que la fuerza de mis latidos no había incrementado lo suficiente. Estaba muy desilusionada, esto indicaba que no solo tenía que seguir usando el chaleco sino también había la posibilidad de que me implantaran un desfibrilador. Me fui a casa completamente derrotada y deprimida.

Mi mamá me llamó a una reunión de oración esa noche diciéndome que Dios le había hablado y que si activaba mi fe Él me sanaría por completo. Así que me decidí a activar mi fe lo mejor que sabía hacerlo. Ya es abril y como lo saben, todavía traigo el chaleco de vida. Abril fue el inicio del cambio para mí, asistí a una conferencia de damas llamada BRILLA en Katy, TX. El predicador esa noche habló de la santidad y de guardar el tesoro del corazón. Ahí estaba escuchando decididamente, pero algo era diferente. El mensaje había sido directamente para mí y había resonado en mí impulsándome a un cambio. Nunca lo olvidare, mientras oraba con mi amiga de la iglesia sentía que estaba orando por ella, aunque estaba orando por mí misma, un poco absurdo yo sé, pero eso es lo que realmente sucedió. Terminé de orar con mi amiga y comencé a llorar. Dios me tocó profundamente y eso fue el inicio de la demolición del cerco y los muros que había construido alrededor de mi corazón.

Desconozco si crees en la intervención divina o que Dios trae personas a tu vida en el momento exacto. Pero realmente sí lo hace, sin duda alguna. Verás, todavía tenía mi ira, amargura y rencor, mis murallas estaban cayendo pero todavía los tenía adentro. Dios sabía que iba a necesitar un mentor temeroso de Dios, alguien que supiera como sobrepasar el cerco y los muros que había construido, con Su ayuda por supuesto. Recuerda que no confiaba en nadie, pero por alguna razón permití confiar en esta persona. Me empecé a abrir más y más y mis cercas comenzaron a caer y mis muros a desmoronarse. Lo más que soltaba y me abría y confiaba en mi mentor, comprendía que también estaba aprendiendo a abrirme y confiar en el más importante de todos, mi Creador.

Conforme empecé a alimentar mi hombre espiritual y a activar mi fe, comprendía que ya no deseaba las cosas que solían llenar mi día. Mi pasión y mi deseo por una relación con mi Creador ahora me consumía, mi deleite era Él. Había pasado un mes y era tiempo de ir a ver si me podían remover el chaleco de vida. Le empecé a preguntar a quién me hacía el ecocardiograma que es lo que veía mientras lo hacía. Ella me explicó que cuando alguien sufre un ataque severo al corazón como me había ocurrido a mí dos cosas suceden. La parte del corazón que muere durante el ataque se queda en ese estado o podría reavivarse en un chispazo. Terminamos el ecocardiograma y me fui a otro cuarto para esperar los resultados. Comencé a llorar, quería que fuera un informe bueno para poder quitarme el chaleco de vida. La doctora llegó y dijo "Tengo buenas noticias". Dijo que los latidos no estaban como deberían estar pero sí lo suficientemente bien como para quitarme el chaleco. Solté el llanto y empecé a agradecer a Dios por otro milagro. Verás, esto no solo indicaba que podía abandonar el tortuoso chaleco de vida, sino que tampoco me tendrían que operar para implantarme un desfibrilador. La doctora nos dijo que algunas personas por temor se implantan un desfibrilador y que si quería podría tenerlo. Yo estaba como, de ninguna manera, le dije que yo era un milagro y que el Dios que me había traído hasta aquí no me iba a fallar ahora.

La lección que aprendí en usar el chaleco de vida fue confiar en Dios y en Sus tiempos. Él estaba esperando que yo le entregara toda mi fe y toda mi confianza. Había aprendido a hacer de mi Padre Celestial una prioridad, pasando tiempo con Él, orando, leyendo Su palabra y que Él nunca está tan ocupado. De hecho me ama y me quiere mucho. Lo más que lo busco lo más que lo encuentro. Lo más que me acerco a Él lo más que mis antiguos amigos la ira, la amargura y el rencor dejan de reinar en mi jardín. He permitido a mi Creador que desarraigue mi jardín y que plante gozo, paz, amor y verdadera felicidad. Dios habló esta palabra a mi corazón, Ezequiel 36:26 "Te daré un nuevo corazón y pondré un espíritu nuevo dentro de ti, quitaré el corazón de piedra y pondré un corazón de carne." Comencé a llorar conforme Dios me decía, no solo he cambiado tu corazón físicamente, sino también espiritualmente. En mi caminar he aprendido a confiar en mi Creador. Mi relación con Él es lo más importante en mi vida. He aprendido que al acercarme a Él mi amor es sin reservas y sin murallas.

En mi relación con Él, me enseñó a confiar de nuevo. He aprendido a verme como Él me ve, hermosa, temerosa de Él y hecha maravillosamente conforme a Su imagen. En mi relación con Él estoy plena. He aprendido que está bien no construir muros ni cercos para protección. Pues mi Creador ahora me tiene para Él. Cuando enfrentó adversidad u ofensas y la confianza se pierde de nuevo, he aprendido que en vez de permitir que esas cosas se logren enraizar y crecer en mi jardín, lo llevo a los pies del Maestro y ahí lo dejo. Porque paso tiempo con Él y he construido una relación con Él estoy confiada, y sé que Él nunca me herirá ni romperá mi confianza ni me abandonará. Estoy segura en mi relación con mi Padre Celestial. No que soy una experta en todo esto. Este caminar es diario, tengo que hacer decisiones diarias de amar, confiar, perdonar si se requieren. Estoy agradecida con Dios que me amó lo suficiente para fijarse por encima de las murallas de ira, amargura y rencor. Para ver a quién había creado con propósito divino, destino y unción. Hoy decido caminar y estar firme en todo lo que Dios tiene para mí, sin volver atrás.

Mi corazón está anclado en mi Creador y nunca estaré satisfecha con nada menos. Caminaría este viaje otra vez si se ocupara para tener la paz y la plenitud y la relación con mi Padre Celestial. Gracias Jesús por cada herida, por toda la confianza fragmentada y los quebrantos del corazón. Sin esas cosas no sería la vasija hermosamente quebrantada pero reparada que tú me creaste para ser.

Tyler Jesse & John Moore

Los Muchachos Moore

La Familia Moore

CAPÍTULO 5

John Moore

"No acabará de romper la caña quebrada ni apagará la mecha que arde débilmente. Verdaderamente traerá la justicia."
Isaías 42:3 (DHH)

La primera vez que lo tomé en mis brazos después de nacer, supe que mi vida había cambiado por completo. No hay palabras para describir cómo te sientes cuando te conviertes en padre. Pasa instantáneamente cuando sostienes a tu bebé en tus brazos, sabiendo que no pueden hacer nada por sí mismos, que dependen totalmente de lo que hagas por ellos. Es en ese momento que tienes que responder a una de las más importantes preguntas en la vida. ¿Estoy dispuesto a dar mi vida por alguien que amo? Todo cambia inmediatamente de ser una pregunta a una declaración enfática. Daría mi vida para proteger a este bebé. Aunque no estaba viviendo para Dios en ese momento, lo conocía lo suficiente como para pedirle que me ayudara a ser un buen padre. No como mi padre, le prometí a Dios que nunca dejaría a mi hijo con las persistentes preguntas de amor que me había dejado un padre ausente. Con toda la fe que podía ponerle en esos momentos. Le dije a Dios que me hiciera un buen padre, un mejor padre que el que había conocido yo. Sólo para darme cuenta que Dios estaba usando este momento, como también usaría otros, para acercarme más a Él, así como dice Santiago 4:8, "Acercaos a Dios, y él se acercara a vosotros."

Tyler Jesse Moore llegó a este mundo a las 7:05 pm hora del centro el día 14 de marzo de 1996. Estaba sentado en una mecedora dentro de la guardería oscura del hospital sosteniendo y mirando fijamente a este hermoso niño al que orgullosamente llamaba hijo. En ese momento, mi mente estaba llena de sueños de lo que él se convertiría; nunca imaginé ni hubiera creído si alguien me hubiera dicho, que en escasos dieciséis años él ya no estaría con nosotros. Sin embargo, en ese momento nada importaba sino la belleza y el amor de este pequeño. Su vida tendría un impacto inmediatamente en mí, aun así solo sabía que las circunstancias tendrían un efecto a largo plazo en él. Su madre y yo nos habíamos separado poco antes de su nacimiento. El divorcio era inevitable, y como hijo de un divorcio sabía de primera mano las preguntas y dudas que tendría concerniente a su padre. Como le había pedido a Dios que me ayudara a ser un buen padre, también prometí que haría todo de mi parte para tener un rol activo en su vida y nunca dejarlo preguntándose si era amado por su padre. Hasta este día, creo verdaderamente que ese sentido dialogo que tuve con Dios aquella noche fue el inicio de cómo Dios me acercaría más hacia Él.

Los próximos años parecerían relativamente sin sucesos importantes. Él y su madre vivían en San Antonio mientras que yo en Dallas, a unas 275 millas de distancia. Cada quince días manejaba cuatro horas de ida para visitarlo. Sin importar mi situación económica, Dios siempre me permitía ir a verlo. Yo creo que Dios estaba honrando mi compromiso y asegurándome que pudiera cumplirlo, así que comencé a anhelar aún más una relación con Dios. Mi propio padre no me había dado razón de Su existencia, no me había presentado al creador de todas las cosas. Sentí que era mi responsabilidad que mi hijo conociera a Cristo. Primero lo primero, tenía que arreglar mi relación con Dios antes de ser un ejemplo para él. Conforme pasaron los años, mi relación con TJ se desarrolló bien, a pesar de las circunstancias. Aún más, mi relación con Dios prosperó y en el 2001 me casé con una mujer que Dios usó para traerme completamente a Su redil. Para cuando TJ tenía cinco años ya asistíamos regularmente a la iglesia y estábamos muy involucrados. Él iba con nosotros a la iglesia cuando venía a visitarnos los domingos por la mañana, el personal y los niños lo hacían sentir muy amado y bienvenido. TJ era muy introvertido, y estas personas de Dios hicieron un impacto que quedaría marcado para el resto de su vida. Del 2001 al 2007, TJ pudo ver a su padre transformado por Dios, y también pudo conocer el amor de Jesús y experimentarlo de primera mano. Pudo asistir a varios avivamientos infantiles así como también varios eventos de vacaciones de verano bíblicos. Un evento sobresale para TJ; durante uno de los avivamientos infantiles con el Reverendo Lloyd Squires, había una competencia de quien se podía vestir más disparejo. TJ estaba muy emocionado en participar, así que mi esposa y yo le ayudamos a prepararse para aquella tarde. Tenía dos calcetines diferentes, dos zapatos diferentes, una camisa diseñada muy chiflada, un pijama rosa brillante con puntitos. Yo recomendé las pijamas, pero como eran de mi esposa, TJ estaba renuente ya que eran "de mujer", pero lo convencimos y lo vestimos. Al final de la tarde, fue nombrado el ganador de la competencia. Mientras todos los niños gritaban de alegría, él subió a la plataforma para recibir su premio; tenía mis ojos llenos de lágrimas mientas lo miraba que tímidamente caminaba hacia el Rev. Squires. La mirada en su rostro no tenía precio. Después me dijo que no tenía idea que tantos niños lo apreciaran de esa forma. Como introvertido, TJ se la pasaba mirando hacia adentro de él mismo. Llegó a tener pocos amigos a lo largo de su vida, pero probaba ser un amigo leal y verdadero. Este momento de celebración sería la clave que Dios usó para abrir su corazón y sentirse más cómodo, y desear asistir más a la iglesia.

 En el 2007, me transfirieron a Fredericksburg, Texas. Al año de llegar ahí, la iglesia me honró eligiéndome como asistente del pastor. Poco después de llegar a Fredericksburg, la mamá de TJ fue desplegada a Irak, eso indicaba que se iba a venir a vivir con nosotros; aunque no fue exactamente de la manera ideal, fue una oración contestada. Por muchos años había orado por una oportunidad de que mi hijo se quedara más tiempo conmigo. Creí firmemente que esto nos permitiría tener un mayor vínculo y una relación más profunda, pero también que él aprendiera más del Dios a quien fielmente servimos. Llegó a vivir con nosotros en los primeros de noviembre del 2008. Él tenía doce, años casi trece, antes de regresar a San Antonio; Dios lo había puesto a mi cargo en un tiempo crucial de su crecimiento y desarrollo. Podía sentir su timidez cuando llegó con nosotros; aparte de sus visitas normales, TJ nunca había conocido otra vida diaria más que la que vivía con su madre y sus abuelos. Agregado a este nuevo ambiente, él estaba muy consciente que su mamá iba a estar en zona de combate en Irak. Mi esposa y yo orábamos por la dirección de Dios en esta situación, era evidente que la situación sería algo muy delicado. Las primeras semanas fueron sin novedad, sólo de ajustes normales, pero sin alguna situación relevante. Mi esposa tenía ocho meses de embarazo cuando TJ llegó, ya teníamos a un hijo de seis años, Jacob, que TJ amaba mucho. De hecho, cuando TJ venía a visitarnos, todos y todo tomaba un segundo lugar por causa de su hermano mayor. A unas cuantas semanas que llegó TJ, le dimos la bienvenida a Daniel. Él nació bajo fuerte presión y pasaría algunas semanas en la unidad de cuidados intensivos neo natales con aspiración de meconio. Después de la primera semana fue transferido en avión de emergencia a Austin a un hospital de especialización, pasadas dos semanas, pudimos traer a Daniel a casa en lo que fue un giro milagroso. Mi madre había conocido una familia que había perdido un bebé bajo las mismas circunstancias hacía apenas dos semanas antes que Daniel naciera. Decir que estábamos enfrentando mucho estrés en muy poco tiempo se quedaría corto. Aun así, durante este tiempo TJ pudo ser testigo de nuestras oraciones y ver cómo la familia en Fredericksburg llamada iglesia nos rodeó en todo momento, algo que él no conocía. Otra vez, Dios estaba usando esto para abrir sus ojos a sus maravillosas obras y el propósito del cuerpo de Cristo. La iglesia en Fredericksburg era mucho más pequeña y solo tenía un año cuando comenzamos a asistir. Como asistente de Pastor, estaba involucrado en ayudar en varios aspectos de la iglesia. El Pastor Don Steadman y su esposa Sharon con mucho entusiasmo le dieron la bienvenida a TJ cuando llegó. Les tuve que explicar que TJ era introvertido y que con el tiempo ellos verían una sutil diferencia en su conducta para validar su amor por ellos. Ellos llegaron a amar TJ y él también a ellos. También llegó a amar a los miembros de la Iglesia Pentecostal El Calvario. En enero de 2009, me notificaron oficialmente que mi unidad se desplazaría a Irak en ese año. Mi partida coincidiría con el regreso de su madre de Irak. Mi esposa y yo habíamos estado hablando de iniciar una noche de oración familiar semanal, para este momento parecía algo ideal. Investigamos algunos planes para hacerlo con lecciones que podíamos darle continuidad. No podía creer que no había algo disponible. Como la necesidad es la madre de todos los inventos, hicimos nuestro propio plan familiar. Los lunes por la noche serían las noches sagradas familiares; por esta razón ninguna actividad sería programada los lunes. También decidimos que oraríamos para enseñarles a orar. Mi esposa había aprendido, mientras enseñaba en clases de escuela dominical, el método de orar para niños (JOM). Funciona así:

Jesús primero
Otros segundo
Mis necesidades al final

Compramos un libro de devociones familiares semanales, pero también les permitíamos a los muchachos elegir las alabanzas que cantaríamos ese día. Iniciábamos con cantos, luego leíamos el devocional. Después de la lectura, dábamos oportunidad a que los niños discutieran la lección, después orábamos. Nos hincábamos alrededor del sofá, yo comenzaba a alabar y a agradecer al Señor, cuando terminaba seguía mi esposa y después los muchachos siguiendo el mismo patrón de oración. Cuando comenzamos, ellos solo repetían lo que Lorena y yo decíamos cuando orábamos, pero dentro de tres semanas ellos ya alababan a Dios con sus propias palabras. Sus oraciones nos sorprendían cada vez, pues cuando oraban por los demás, incluían a sus maestros y sus amigos, y también por personas de la congregación que habían solicitado oración. Casi cada semana lloraba en silencio al escuchar esto tiernos corazones buscar a Dios con toda sinceridad. Entre febrero y abril, estuve viajando constantemente preparándome para el despliegue. Estuve fuera por seis semanas con una semana intermedia de receso durante ese periodo. Me preocupaba que las oraciones que habíamos iniciado se esfumaran por mi ausencia. Llamé a mi esposa el primer lunes que estuve fuera y le pregunté si habían orado. Me dijo que no quería presionar ya que yo no estaba presente, pero cuando llegó el tiempo de la oración, TJ le preguntó si iban a tener el tiempo de oración. Cuando ella les preguntó a los niños si querían orar, respondieron con un convincente sí. Podía escuchar la emoción en su voz, mientras luchaba con las lágrimas. Estaba muy orgulloso, pero más agradecido de que Dios se había hecho real para mis hijos.

Durante mi ausencia, TJ tomó el manto de ayudar a Lorena con los quehaceres y con el bebé Daniel. También comenzó a hacer sus tareas de la escuela, algo que era una dificultad antes que llegara a vivir con nosotros. Era obvio que Dios estaba trabajando en su vida. En abril, la iglesia había celebrado la ceremonia de inicio de construcción en un terreno que habíamos comprado. En ese tiempo rentábamos un local en un establecimiento de oficinas. TJ estaba muy emocionado de participar y ser testigo de este avance de la iglesia. Por razón de mis viajes, nos habíamos aplazado de dedicar a Daniel al Señor. Mi hermana Nancy vino a visitarnos para el evento. Mientras nos preparábamos para la presentación, TJ se le acercó y le preguntó que significaba ser dedicado al Señor. Ella le explicó el proceso, se quedó pensando unos minutos y le dijo que él también quería ser dedicado al Señor. Nancy se me acercó con lágrimas en sus ojos, porque ella también había estado orando para que TJ conociera de Dios. Me dijo si había pensado de también dedicar TJ. El comentamos al Pastor Steadman y entusiasmado dijo que sí, y presidió la dedicación de ambos niños. Jacob ya había sido dedicado hacía algunos años en Austin, pero TJ no había estado presente en ese evento.

Al acercase el verano, le pregunté si estaría interesado de asistir al campamento juvenil de verano. Había cierta duda en él, pero finalmente decidió asistir. Le marqué a Seth Simmons en Austin, quien coordinaba el evento. Había conocido a Seth y su esposa Sarah en la Iglesia Vida Nueva en Austin. Seth había sido Ministro juvenil por algunos años y ahora trabajaba como líder del sector; confiaba que él y Sarah cuidarían de TJ. Cuando regresó del campamento, podíamos sentir un cambio en él. Parecía más extrovertido que antes. Seth me contó que TJ había estado pasando al altar y Dios lo había tocado en una forma poderosa. Me dijo que no lo había escuchado de cerca, pero que parecía que había hablado en lenguas al buscar el Espíritu de Dios. Como lo mencioné anteriormente, TJ era muy introvertido. Su adoración en las celebraciones de la iglesia hasta ese momento eran aplausos poco emotivos y apenas movía los labios al cantar. Cuando regresó del campamento, aplaudía con mayor entusiasmo y cantaba con el resto de la congregación. Podías ver el gozo del Señor que emanaba de su rostro, había cambiado para siempre. En agosto, ya acercándose el tiempo para que regresara a San Antonio. Durante un servicio dominical, el Pastor Steadman estaba predicando del bautismo en el Nombre de Jesús. TJ me preguntó si podía bautizarse. El Pastor dijo que sí, sin embargo todavía estábamos en el local de las oficinas así que si íbamos a bautizar, tendría que ser donde hubiera agua. El Pastor Steadman me preguntó si yo quería bautizar a mi hijo, lo cual acepté con una gran sonrisa. Terminamos yendo al Parque Lady Bird Johnson donde había un pequeño arroyo. TJ y yo bajamos al pequeño arroyo, y le pedí que me explicara el propósito del bautismo. Me dijo que era un paso de fe y para el perdón de los pecados como lo dice en Hechos 2:38 y en obediencia a la Palabra de Dios. Mientras bautizaba a mi hijo, mi corazón estaba lleno de muchas emociones. Cuando salió del agua, me abrazó como si fuera un abrazo de mucho tiempo. Todo lo que yo podía hacer era llorar y agradecer a Dios por sus misericordias y sus bendiciones. Después en esa semana, nos subimos a la minivan e hicimos el viaje a San Antonio. Hubo muchas lágrimas ese día, pero también estábamos muy agradecidos por el tiempo milagroso que habíamos compartido.

En noviembre del 2009, fui desplegado a Irak. TJ regresó a San Antonio, su madre ya había regresado de Irak, y él ya había ingresado en la escuela. Le marcaba cuando podía y descubría que nuestras pláticas eran muy diferentes a las que teníamos antes. Había una conexión que antes no existía. Siempre me decía que le estaba yendo bien en la escuela y que siempre hacía sus trabajos. Regresé a casa por unos días en una oportunidad que se abrió de visitación en Febrero del 2010 y él pudo estar con nosotros durante ese tiempo. Después de regresar a Irak, una noche le marqué. Hablamos de las cosas normales de siempre, pero esta vez me hizo una pregunta que me sorprendió. Me preguntó si yo tenía miedo. TJ sabía que estaba sirviendo en una compañía que proveía seguridad a los convoyes, que era uno de los trabajos más peligrosos. Le expliqué que como Sargento de Pelotón, no iba en todas las misiones, sin embargo, sí tenía que decidir cuales soldados irían. Le dije que sí tenía miedo cuando estaba fuera los cuarteles, pero que me preocupaba más la seguridad de mis soldados. De hecho, prefería ir yo que poner a ellos en riesgo. Podía descifrar que él trataba de contemplar la magnitud de lo que le acababa de decir, poco después terminamos de hablar. Debido al despliegue de tropas, nuestro trabajo terminó y para mediados de julio ya estaba en casa. El programa de construcción en Fredericksburg había avanzado mucho en mi ausencia. Muchos fines de semana y noches entre semana la pasábamos trabajando en la iglesia. TJ venía en sus visitas de fin de semana y ayudaba con mucho entusiasmo en todo lo que podía. Él ayudó a poner el techo y las luces del santuario. También ayudó a poner la cruz en frente del edificio. En enero del 2011 nos movimos al nuevo edificio. Durante una de sus visitas, había un mover poderoso del Espíritu Santo, no estando seguros de como su fe había sobrevivido de regreso a casa, Dios nos confirmó que TJ todavía mantenía su fe. Durante este servicio las personas gritaban y alababan a Dios, y TJ sin tardar, levantó sus manos en adoración. Esto era algo inusual para el carácter de este joven introvertido. El Pastor Steadman, su esposa, mi esposa y yo nos miramos el uno al otro y comenzamos a gritar de alegría. Para una persona promedio quizás esto no significaba mucho, pero para TJ era algo fuera de lo común.

Para septiembre del 2011, estábamos listos para el servicio de dedicación del templo. TJ también se apuntó para estar y participar. No sabíamos que dentro de pocas semanas nuestras vidas cambiarían para siempre.

La mañana del 25 de octubre inició como muchas otras. Me había despertado al sonido de la alarma y me alistaba para ir a trabajar. En ese momento, escuché el sonar del teléfono. Era mi hermana que me llamaba diciéndome que la mamá de TJ estaba con él en el hospital y ocupaba que le marcara. Mi hermana trabajaba en San Antonio, en la misma compañía que la mamá de TJ. Le colgué e inmediatamente le marqué a su mamá. Me dijo que él se había despertado en la noche con un dolor. Estaba gritando, algo que no era común en su carácter, así que ella llamó a la ambulancia. Me dijo que los doctores habían dicho de posibles piedras en sus riñones y estaban esperando darlo de alta. Este era un diagnostico muy raro para un muchacho que corría mucho pues competía en carreras de campo traviesa y que se sabía que tomaba agua como un pez. Le dije que vendría al hospital. Durante el viaje de 80 millas le marqué a mi supervisor en San Antonio y le expliqué en breve lo que estaba sucediendo. Estaba preocupado porque solo había trabajado bajo su supervisión por dos semanas. Una vez que llegué al hospital, vi a mi hermana ahí. Ella había sentido muy fuerte en su espíritu venir. TJ y su mamá no estaban en el cuarto, ya que le estaban haciendo una tomografía. Nancy y yo platicamos, pensando que fuera apendicitis o algo de esa naturaleza. Llevaron en silla de ruedas a TJ al cuarto y cuando nuestras miradas se encontraron, podía ver el entusiasmo y un alivio en sus ojos que yo estuviera ahí. El doctor inmediatamente nos pidió a su madre y a mi pasar a la oficina. Como todavía estaba como militar activo en ese tiempo, portaba mi uniforme. Hasta este día no puedo decir por qué, pero el doctor tomó mi mano y comenzó a decirme que TJ tenía cáncer. Y que se había metastatizado dos veces y se había diseminado significativamente según lo que podían ver, pero le realizaban exámenes más minuciosos. Ese sería el día más largo y de mayor prueba para mi vida hasta el momento. Después de numerosas llamadas y esperar por horas mientras hacías los exámenes, nuestra oración era que las noticias no fueran tan malas, y que quizás estuviera limitado al área donde lo habían encontrado. Al reflexionar sobra todas las posibilidades, pensaba en la conversación que había tenido con TJ cuando lo llevaban a realizar los exámenes. Lo iban a sedar pues los exámenes iban a tomar mucho tiempo. Lo tomaba de la mano y le pregunté cómo se sentía, y si tenía miedo. Me dijo que tenía poquito miedo, pero que estaba más preocupado por todos los demás. Le recordé de la conversación que habíamos tenido cuando yo estaba en Irak, le dije que exactamente así me sentía yo en aquel momento. Me miró y podía ver que él había comprendido exactamente como me sentía. Le dije que no importara lo que pasara, que mantuviera su fe. Asintió con su cabeza.

Más tarde ese día, como a las 6pm, el doctor nos dio a conocer los resultados de los exámenes. Nos dijo que "el tumor inicial formado en su testículo derecho, se propagó a su abdomen creando una masa gruesa ahí; se había metastatizado y se había diseminado en ambos pulmones, sus riñones, su hígado, la parte baja de su pierna izquierda y su cerebro. Estaba en etapa 4." El plan de tratamiento iniciaría inmediatamente, primero removiendo el testículo afectado e iniciando un tratamiento de quimioterapias y radiación. Estaría en el hospital por hasta cuatro semanas inicialmente; el tratamiento completo tardaría poco más de un año. Su cirugía salió bien y rápidamente iniciaron las quimioterapias. El marcador utilizado para comprobar el avance fue su nivel de beta-hCG. De acuerdo a la página oficial del Instituto Nacional de Cáncer, beta-hCG es *"una hormona que se encuentra en la sangre y la orina durante el embarazo. También puede encontrarse en cantidades más de lo normal en pacientes con algún tipo de cáncer, incluyendo cáncer en los testículos, ovarios, riñón, abdomen, y pulmones, y otro tipo de enfermedades. Al medir la cantidad de beta-hCG en la sangre o la orina en pacientes de cáncer puede ayudar a diagnosticar el cáncer y cómo está evolucionando el tratamiento. Beta-hCG es un tipo de indicador de tumores. También llamado beta-gonadotropina coriónica humana."* Sus niveles estaban demasiado altos en este momento. Se empezó a correr la voz, muchas iglesias en Austin, San Antonio, y Fredericksburg comenzaron a orar. En las siguientes semanas recibimos noticias de miles de personas de los Estados Unidos y Canadá que estaban orando por TJ. Desde Nueva Zelanda hasta Europa, un esfuerzo global de oración había surgido. Él estaba sorprendido y con mucha humildad de que todas estas personas que nunca había conocido estaban orando por él. Mientras llegaban más noticias de oraciones, los resultados de su tratamiento también empezaron a llegar. Sus niveles de beta-hCG no solo estaban disminuyendo, estaban bajando drásticamente. Su doctor no podía creer lo rápido que se estaba recuperando. Nosotros sabíamos exactamente lo que estaba sucediendo, Dios estaba interviniendo. Por los próximos meses continuamos recibiendo reportes milagrosos de su progreso. Su doctor también le confesó al Pastor Steadman y a mí que el giro de TJ eran un milagro certificado. Él había estado tratando pacientes oncológicos pediátricos por más de treinta años, y era reconocido a nivel mundial como un experto de primera en este campo. ¡Esto nos hizo llenarnos de gozo! Viajaba con frecuencia entre Fredericksburg y San Antonio, yendo a testificar de las grandes maravillas que Dios estaba haciendo. Tan bien estaba avanzando su tratamiento que ya habían reducido sus radiaciones. Para abril, el doctor nos decía que hiciéramos planes para el verano porque TJ ya podría ser dado de alta. Apenas había cumplido dieciséis y su tía Nancy le había prometido comprarle un carro rojo y pagaría sus lecciones de manejo para que pudiera sacar su licencia de conducir. Habría un periodo de tres semanas desde su última radiación hasta otro momento de exámenes para evaluar los efectos. Pero, dentro de dos semanas, TJ comenzó a ver colores, a sufrir dolores de cabeza y en un momento perdió toda sensibilidad en su brazo izquierdo. Inmediatamente lo llevamos a su doctor. Las noticias se habían vuelto terribles, TJ estaba otra vez en etapa 4 y todos los tumores habían vuelto. Se nos informó que otro especialista del Hospital Infantil St. Jude se uniría al equipo y tomaría el control para la siguiente fase del tratamiento. Se cancelaron nuestros planes para el verano, pasaríamos los próximos cuatro meses en el hospital siendo testigos de muchas quimioterapias y tratamientos de radiación devastando su joven cuerpo. En esta ocasión comencé a preocuparme por su fe, cómo se mantendría en este giro que estaba ocurriendo. Parecía que el joven que había orado y confiado en Dios que cuidara a su madre y a su padre en la zona de combate estaba ahora quedando corto en milagros.

Para los finales de agosto, los doctores nos informaron que no había nada más que hacer. Dos semanas después, TJ regresó al hospital de lo que sería su última vez. Conforme pasaban los días, me sentía culpable, parecía cómo que le había dicho a mi hijo que este Dios maravilloso podría hacer todas las cosas únicamente para terminar de esta manera. Tenía miedo preguntarle acerca de su fe. Un día al final, sus hermanos Jacob y Daniel pudieron entrar al cuarto a visitarlo. No podían porque su sistema inmune estaba muy bajo. El pequeño Daniel, ahora de tres años caminó hacia su cama y pidió orar por su hermano mayor. Todos nos unimos a él, también el propio TJ oraba. La siguiente semana, su equipo de doctores vinieron a verme. Una acalorada discusión empezó entre TJ y sus doctores acerca de lo que iba a suceder más adelante. Los doctores trataban de decirle a TJ que ya no había esperanza, pero él se resistía a creerles. Recuerdo haber hecho contacto visual con mi hermana, queriendo gritar Aleluya, porque nosotros sí sabíamos a lo que se refería TJ. Había esperanza, no la esperanza en el término terrenal sino en el sentido sobrenatural. Frustrados, los doctores me llevaron a otro cuarto y trataron de convencerme para hacerle entender que todo estaba perdido, que no había esperanza. Enojado, golpeé mi puño sobre la mesa y les declaré que yo no iba a ir a decirle a mi hijo que ya no había esperanza, que su esperanza no estaba en sus métodos, sino en un poder más alto y más grande. Les dije que no destruiría la única esperanza que él tenía. El doctor que dirigía el equipo, un hombre de fe, de repente se dio cuenta que TJ se estaba aferrando a su fe. Y dijo, "estás en lo correcto, nosotros estamos equivocados tratando de quitarle esa única esperanza que él tiene." Más tarde esa noche TJ entró en un coma, para nunca despertar de nuevo. Dos días después de la noche antes que falleciera, recuerdo haber orado a Dios y haberle pedido que tomara el milagro que le habíamos pedido de sanar a TJ y lo usara para sanar a sus amigos y familiares. Al día siguiente, el 1 de octubre de 2012, Tyler Jesse Moore falleció.

Mis pensamientos en los sucesos inmediatamente después de su muerte están un poco borrosos. Todo lo que puedo decir es que el dolor era incalculable. Recuerdo que finalmente tuve algún tiempo a solas semanas después de su fallecimiento, y al fin tener una plática cerrada con nuestro creador. Con llanto, gritos, lamentos, lloro y cualquier sonido que pudiera hacer, le clamé a Dios. En ese momento en mi vida, fue la oración más honesta que jamás le haya hecho a Dios. La formalidad se había quedado afuera, lo que estaba ocurriendo era una cruda conversación emocional. Puedo testificar con toda certeza que una oración honesta es la que Dios quiere de nosotros. Él no está interesado en nuestra oración estructurada de nuestra hora más desesperada, sino que está interesado de nuestra más sincera y honesta oración. Solo cuando nos abrimos completamente es cuando Él puede comenzar el proceso de sanidad. Yo sé lo le dije que necesitaba que Él removiera de mí la pregunta, ¿por qué? ¿Por qué él? Porque como padre, comprendí que hubo muchas veces que le tuve que quitar cosas a mis hijos, y no importaba que razón les diera, todo lo que ellos querían era aquello que les estaba quitando. Así como esos niños, le dije a mi Padre celestial que no importaba por qué había decidido quitármelo, como hijo de Dios, ninguna razón funcionaría conmigo, yo sólo quería a mi hijo. Así que le rogué a Dios que quitará de mi corazón la pregunta por qué. En ese momento, sentí una paz que no había sentido en mucho tiempo. Era un destello de luz en un momento de tanta oscuridad, pero era exactamente lo que ocupaba, el alivio de preguntar por qué. Yo sabía que el proceso de sanidad tomaría mucho tiempo, pero ese momento me dio esperanza que Dios mantendría Su promesa de Deuteronomio 31:6, *"¡Esforzaos y cobrad ánimo!...no te dejará, ni te desamparará."*

Fui transferido a Austin el 2013, y regresamos a la iglesia New Life en Austin. Hemos visto muchos cambios grandiosos. Me jubilé del ejército después de veintiocho años de servicio, mi hijo Jacob ya está en preparatoria y Daniel en tercer grado de primaria y ya recibió el Espíritu Santo y se bautizó en la escuela bíblica de verano del 2017. Jacob recibió el Espíritu Santo en el

2010 en una Convención General y yo lo bauticé cuando regresamos. El viaje ha sido largo, pero todavía continúa. Como familia, hemos crecido juntos, siempre pensando en TJ, compartiendo memorias y celebrando su vida. El 2017 fui voluntario para ser el coordinador del programa En Aflicción de nuestra congregación. Desde que empezamos, Dios ha usado mi testimonio para ayudar a otros a encontrar paz en su fe durante tiempos de pérdidas. Hemos logrado que alcancen a comprender que mantener y fortalecer su relación con el Creador durante este tiempo de oscuridad es vital para la sanidad. Conforme persigo mi llamado de ser evangelista, oro que Dios continúe usando mi testimonio para alcanzar a otros, proveyendo la esperanza prometida, pero sobretodo cumpliendo Su palabra que dice, "*Y la paz de Dios, que sobrepasa todo entendimiento, guardará vuestros corazones y vuestros pensamientos en Cristo Jesús.*" Filipenses 4:7

Vida Mia & Sarai Jiménez

La Familia Jiménez

CAPÍTULO 6

Saraí Jiménez

A la edad de diecisiete años fui diagnosticada con Miastenia Grave. Es una enfermedad que ataca los músculos y los nervios que los controlan. Me detuvo de hacer las cosas que regularmente hacemos en la vida, aun las más pequeñas y ordinarias. La Miastenia Grave me despojó de tantas cosas cuando estaba creciendo y convirtiéndome en adulto. Me robó el gozo de practicar cualquier deporte, el gozo de tocar en la banda de la escuela y de vivir una vida normal. Para cuando llegué a mis veintes comencé a vivir mi vida sin temor y eché la precaución por la ventana. Aunque a veces me sentía físicamente débil, la vida era muy emocionante como para no vivirla. No parecía molestarme ya que estaba viviendo alocadamente mi soltería y que no tenía que rendirle cuentas a nadie. Vivía sin Dios y pensaba que lo que estaba viviendo en el mundo compensaba cualquier infelicidad que ocurriera en mi vida. Pasé de tener una relación enfermiza con un hombre hasta quedarme sola. Pensaba que mi felicidad se encontraba en una relación pecaminosa con un hombre que finalmente sólo me causó mucho dolor, soledad y quebranto. Para ese entonces yo pensaba, ¿qué estoy haciendo tan mal para ser herida y utilizada de esta manera? Pronto me encontré viviendo la vida en una completa soledad. Esta vez me prometí que sería diferente, pero seguí buscando la felicidad en todos los lugares equivocados y con toda la gente equivocada. No pude encontrarla, ni tampoco podía comprender por qué no la podía encontrar cuando todos a mí alrededor parecían estar felices y llenos de vida. Ocupaba hacer algo más y no me daría por vencida hasta encontrarla. Pensaba que teniendo amistades y salir iba a compensarlo. Comencé a salir con un grupo de amistades que así como yo, vivían una vida sin precauciones e irresponsablemente, sólo bebiendo alrededor de sus penas. Pensando que era amada por quienes me rodeaban, perseguí algo que no sabía que terminaría causándome más dolor que antes. Una noche un par de amistades y yo decidimos ir a un concierto y beber para estar felices. Terminamos durmiendo en la casa de uno de ellos porque era muy noche para manejar a mi casa. Pensaba que era seguro porque estaba entre amigos, pero pasé por el sentimiento más horroroso que cualquier mujer puede enfrentar. El esposo de una de mis amigas pensó que yo era ella y en medio de la noche entró al cuarto donde yo estaba durmiendo. De repente me desperté, un escalofrío recorrió mi espalda cuando sentí el cuerpo de un hombre sobre mí. Pero aun ahí, Dios conocía mis intenciones y me protegió. Le pregunté que si qué estaba haciendo, y me dijo, "oh, pensé que eras mi esposa." En ese momento sabía que estaba en el lugar equivocado y que necesitaba irme a casa. Así lo hice. Con lágrimas en mis ojos y sin decir una palabra conduje a casa. Mientras conducía en la soledad de la noche mis lágrimas no dejaban de correr y sólo podía clamar a Dios quién hasta este momento me había protegido a lo largo de toda una vida sin Él. Realmente no lo merecía, pero Su gracia fue suficiente para mí. Recuerdo que le agradecí aunque no vivía para Él, le agradecí porque algo más grave hubiera pasado pero que no ocurrió. Una vez más me encontraba sola sin el apoyo de una familia. Casi ni me comunicaba con ellos porque yo pensaba que estaba mejor sin ellos y que podía conducir mi vida yo sola. Así que comencé a trabajar en un restaurant cerca de mi casa y regresé a mis antiguas formas de buscar felicidad lejos de Dios. Pero esta vez había decidido no beber ni dormir en casas ajenas porque había aprendido la lección de la manera difícil. Estos ajustes sutiles en mi vida no me trajeron la paz que andaba buscando. Todavía faltaba algo, solo que no sabía cómo descifrar que era. Regresaba a casa con un vacío que me dejaba pensando cómo lograr una vida plena y si la felicidad alguna vez sería mía. Entre más trabajaba y trabajaba terminaba sintiéndome igual, no tenía propósito, era una rutina sin dirección donde poco a poco iba perdiendo la esperanza mientras pasaba los días.

Un día de la nada, mi patrón me preguntó si quería ayudar a su socio en otro lugar, que me pagarían mejor que lo que me pagaban ahí. Decidí probar algo nuevo y conocer gente nueva. Poco sabía que iba a encontrar el amor de mi vida y que finalmente me casaría con ese hombre.

Rafael y yo nos conocimos en el verano del 2008 y él junto con mis compañeros de trabajo solíamos comer, beber y salir juntos. Hasta este momento, Rafael y yo solo éramos amigos, pero al transcurrir los meses nos hicimos más que amigos. Pude ver que en poco tiempo me estaba enamorando de él. Finalmente había encontrado a alguien que me trataría muy diferente que cualquier otro que haya conocido. Cuando estaba con Rafael no me sentía sola o triste. Me traía gozo y felicidad, algo que antes pensaba que no era posible, así que dimos el siguiente paso y decidimos vivir juntos pues era lo que ambos queríamos hacer. Otra vez, sin temor de vivir en pecado y sin ningún remordimiento, decidí ir contra la ley de Dios y Su palabra. Para mí todo parecía bien y perfecto porque estaba con el hombre que llenaba cada necesidad que tenía.

Llegó el año 2009, Rafael y yo todavía trabajábamos para el mismo patrón en el mismo restaurant, pero decidí dejar de trabajar y convertirme en ama de casa. Después decidimos hacerlo oficial y unir los cabos sueltos con una hermosa boda en la iglesia, y mi sueño de "vivieron felices para siempre" apenas empezaba a desenvolverse. Este hombre me quiso llevar al altar y yo estaba más que feliz de convertirme en su esposa. Mientras continuábamos planeando nuestra boda, su padre se enfermó y tuvo que ser operado. Esto inmediatamente pospuso los planes de la boda y la boda misma. Llegó febrero y yo estaba en casa un día con mi suegra y para este tiempo dormía mucho y eso empezaba a preocupar a todos. Algo me decía, hazte una prueba de embarazo. Pensé que no tenía nada que perder, ¿qué más peor podía ocurrir? Al contrario tenía miedo que no podría quedar embarazada pues quería ser una esposa plena para Rafael. En mi mente podía escuchar las voces de los neurólogos diciéndome que nunca podría embarazarme por causa de la Miastenia Grave. Una vez más el temor entró en mi corazón y me sentía terrible y me decía a mí misma que nunca tendría familia.

Pero Dios sabía exactamente lo que estaba haciendo. Aunque no le servía ni vivía para Él, Su Gracia parecía encontrarme de alguna manera. Así que me hice la prueba de embarazo y me sentí agobiada por minutos de gran angustia. Salió POSITIVA. Estaba sorprendida, me había quedado en modo silencio por unos momentos. ESTABA EMBARAZADA y no podía hablar y no tenía palabras por el resultado que me había dado la prueba casera, pues me había dado la respuesta que tanto esperaba. Corrí a la cocina donde estaba mi suegra y me quedé unos minutos ahí parada sin saber cómo decirle. ¿Le debía decir a ella o primero llamar a Rafael a su trabajo? Estaba tan emocionada que ella se dio cuenta lo que estaba sucediendo y sin decirme nada, preguntó en español, "¿estás embarazada?" Le contesté, "¿Cómo supiste?" Entonces salté varias veces de alegría pero después me detuve pensando que podría dañar al bebé. Sí, un poco alocada.

Le llamé a Rafael a su trabajo y me quedé atónita sin palabras y desde ese momento él se dio cuenta que estaba embarazada. Rafael estaba tan emocionado que se vino del trabajo. Al ir a la visita con el doctor y los procedimientos con el neurólogo, el temor y la duda seguían perturbando mi mente. Pensaba que esto no estaba sucediendo o que quizás el bebé naciera con alguna deficiencia física. Me estuvieron monitoreando muy bien pero en medio de mi segundo trimestre Rafael y yo comenzamos a tener problemas. Sí, este hombre, a quien amaba con todo mi corazón, y yo pasamos por una travesía muy áspera y pedregosa. No podía explicarme qué había salido mal, y no podía explicarme hacia dónde iban nuestras vidas y mucho menos si nos mantendríamos juntos. Estábamos muy desesperados para encontrar que había salido mal en nuestras vidas y cómo encontrar una solución. Queríamos que nuestra relación funcionara y estábamos dispuestos a hacer lo imposible para salvarla. Ahora más, que había una bebé en camino, estábamos en una desesperación total y dispuestos a probar todo. Por vergonzoso que esto pueda sonar, consultamos y le pagamos a una bruja para tratar de resolver nuestros problemas. Sí, es lamentable lo que hacemos cuando no tenemos la guía de un Rey verdadero, Jesucristo. Gastamos nuestro dinero y nada se resolvió. Todavía teníamos problemas y me tuve que mover con mi mamá hasta que tuve seis meses de embarazo. Luego decidimos que o esto iba a funcionar para el mejor interés de la bebé, o sólo dar por terminada nuestra relación. Rafael era un padre muy cariñoso y amoroso y quería lo mejor para la bebé. Nunca me dejó sola a pesar de nuestros problemas. Hubo momentos cuando no quería verlo ni hablar con él ni tenerlo cerca de mí. Ya sea que fuera por la brujería o solo el destino, todo lo que sabía era que estaba perdiendo lo que siempre deseé y me sentía terrible.

Después decidimos movernos a East End porque le ofrecieron una muy buena oportunidad de trabajo que no quería dejar pasar. Trabajando juntos (con siete meses de embarazo), que no era el mejor de los escenarios, pero intentábamos hacer lo mejor que podíamos para quedarnos juntos. ¿Qué nos hacía volver locos? En ese momento no lo sabía, pero Dios sí lo sabía. Y quizás te preguntes, por qué toda esta explicación. Porque Dios ya tenía una respuesta a nuestros problemas y un futuro milagroso del cual yo no tenía conocimiento en ese entonces. Verás, a lo largo de todo yo había ignorado el hecho que era Dios trabajando en todo momento en mi vida pero yo estaba tan sorda espiritualmente que no me daba cuenta. Fue poco después que conocí a los Manchacks. El Pastor David Manchack y su esposa Janice pastoreaban una iglesia Pentecostal cerca de mi casa. Comenzaron a venir casi cada domingo a comer en el restaurant donde nosotros trabajábamos. Dejaron una tarjeta de la iglesia y ahí mismo yo sabía que iba a comenzar mi búsqueda para llenar el espacio vacío en mi corazón. Pasaron semanas antes de decidir irlos a visitar. Yo crecí como pentecostal así que ya sabía con lo que me iba a encontrar. Para este tiempo yo ya tenía casi ocho meses de embarazo y había dejado de trabajar. Esto hizo que fuera más fácil asistir a la iglesia más seguido y el Señor comenzó a tratar conmigo. En este punto de mi embarazo ya estaba muy cansada e inflamada de mis manos, mis pies y mi cara. Ya no podía dormir en mi cama porque tenía problemas de respiración. Aquí es donde las cosas se ponen más intensas.

Al acercarse el tiempo del parto, tenía que pasar sentada en el sofá durmiendo así casi cada noche. Una mañana desperté y comencé mi día rutinario, pero algo no se sentía bien. La bebé no se había movido en toda la mañana, y ella era muy activa. Así que, seguí mi día sin ponerle mucha atención. Aun así algo me hizo marcarle a la enfermera para ver si podía ir a un chequeo o si debía sólo dejarlo pasar. Ella me sugirió que bebiera jugo de naranja y que eso iba a hacer que se moviera. Para este momento, ya casi era de noche y no se había movido. El jugo de naranja no hizo que se moviera. Estaba muy asustada y trataba de calmarme pero era más fácil decirlo que hacerlo. Llegó la noche y otra vez me encontraba sentada en el sofá porque no podía respirar bien al estar acostada. Toda la noche estaba preocupada por la bebé más que otra cosa. Tenía mucho miedo pero solo esperaba lo mejor. A la mañana siguiente estaba totalmente inflamada desde la cabeza hasta los pies y me sentía terrible. Pronto me llevaron con una obstetra ginecóloga que estaba como a media hora de la casa. Luego, fui llevada de emergencia al hospital no sabiendo lo que estaba ocurriendo pero siempre diciéndome que todo estaría bien.

Me sentía pérdida y aterrada y nadie me decía que estaba pasando conmigo o con la bebé. Todo lo que me decían era que teníamos que ir al hospital porque allá había mejor equipo que con la ginecóloga. Todavía con mucho miedo pero esperando lo mejor. Recibí las noticias que cambiaron mi mente, mi corazón y todo lo que estaba dentro de mí. Yo sólo quería de alguna manera encontrar la forma de sentir certeza que todo iba a estar bien. Verás, la Miastenia Grave había hecho su trabajo y sin notarlo yo no podía respirar bien. No tenía que ver con estar embarazada o el sobrepeso, sino que había estado perdiendo fuerza para respirar por mi propia cuenta. El resto de mi cuerpo también perdía fuerza y estaba en un deterioro total. Cuando los doctores me dijeron "tu bebé no está recibiendo oxígeno y ocupamos entubarte inmediatamente", mi corazón se desplomó. Estaba aterrada, pero tenía que confiar en los doctores porque ellos tenían la experiencia en esto y sabían que hacer. Lloré y lloré y casi muero de miedo esperando lo peor. Cada miembro de mi familia cercana supieron y mi mamá de seguro había llamado a los demás porque recuerdo que todos los que conocía estaban ahí. Estábamos en la Unidad de Cuidados Intensivos y en asistencia vital. Le dijeron a mi esposo y mi madre que me iban a transferir a Little Rock al Hospital UAMS porque ahí estaban los mejores neurólogos del área y ahí me tratarían. Así que procedieron a quitarme el ventilador y se presentaron las noticias más aterradoras. Los doctores le informaron a mi esposo y mi madre que oraran porque iba a ser un viaje de una hora sin ventilador y que sería un trayecto muy riesgoso.

 Yo por el otro lado, tenía tanto miedo y oré de la manera que sabía hacerlo. Clamé de lo profundo de mi corazón y le pedí a Dios que me ayudara en medio de la situación que me encontraba. No quería perder mi primer bebé ni la quería dejar sola. En la ambulancia con únicamente el tanque de oxígeno y los paramédicos pregunté como pude si todo se miraba bien con la bebé, pero no me podían asegurar nada. Verás, a lo largo de todo el embarazo nunca me había sentido tan quebrantada y pérdida. Yo sabía que mi única salida era Dios y mi milagro sería solo a través de Él. Después me di cuenta que mi vida y la de mi hija estaban en Sus manos y que no había nada que alguien podía hacer sino sólo Él.

Llegamos al hospital y rápido me llevaron a Cuidados Intensivos y me conectaron una vez más al ventilador y estaba siendo monitoreada las 24 horas por doctores y enfermeras y un obstetra ginecólogo. La familia llegó desde Salt Lake City, Utah y otros de algunas horas de lejos. Familiares y amigos por días oraron y esperaban lo mejor para mí y la bebé. Pasaban los días y pronto se hicieron una semana y luego una semana y media y nada ocurría. A lo largo del proceso también estaba siendo tratada con aféresis que sería un total de cinco tratamientos pero que no podían ser hechos a diario. Debían ser un día sí y otro no. Así que, para este tiempo todos estaban orando que pudiera tener la fuerza para poder respirar por mi propia cuenta y proveer el oxígeno necesario para la bebé en mi vientre. Los Manchacks habían colectado dinero en la congregación y se lo habían dado a Rafael porque él nunca se separó de mi lado y no podía o no quería ir a trabajar y dejarme sola. Fue una gran bendición haberlos conocido porque sé que ellos oraron y oraron por nuestro pequeño milagro.

Los días seguían pasando y todo lo que recuerdo es que mi esposo lloraba y mi madre y mi hermano Gary habían estado ahí muchos días. Casi todo el tiempo estaba sedada y recuerdo que no podía hablar pero sí podía escribir. Me dieron una libreta y esa era la forma de comunicarme con todos. Seguía orando y esperando lo mejor. De pronto sentí mi pequeña vida moverse dentro de mí, aunque había estado sedada y somnolienta por días y luchando con la entubación y las dolorosas conexiones. Gradualmente me empecé a sentir mejor y estaba consciente y pude sentir a la bebé y comencé a preguntar si me podían quitar el ventilador. Pero no, no era tiempo todavía. No sabían que después de algunas semanas de tratamiento mi Dios había decidido intervenir y producir el milagro que sólo Él podía hacer. Sí, comencé con las contracciones y todos se alarmaron pensando que no estaba lista. A este punto de un embarazo aunado a las condiciones físicas que yo tenía ellos creyeron que sólo una de nosotras iba a sobrevivir esta travesía. Sería o yo o mi bebé que moriría ese día. Mi madre y mi esposo estaban informados para hacer una decisión de quién viviría y los doctores iban a proceder en base a esa decisión. Aterrador, lo sé, pero Dios tenía un plan mejor para nosotras. El Señor no quería causar dolor pero estaba tratando de alcanzarme a través de una difícil situación y sabía que yo lo buscaría si tocara lo que yo más quería en mi vida, mi pequeña bebé. Fue entonces que puse todo en Sus manos y al hacerlo me quitaron el ventilador y me pusieron en un cuarto normal. Recuerdo que las enfermeras entraban y salían pero pronto comenzaron las contracciones y me transfirieron al área de Labor y Parto. Estaba dilatada y la bebé ya se venía. Los doctores todavía estaban confundidos de cómo de repente hacía un minuto estaba conectada al ventilador y de pronto ya no y ahora en labor de parto, así que decidieron llevar a cabo el parto. No sólo me sentía confiada de tener a mi bebé de modo natural, sino que también estaba segura de que Dios me ayudaría a recuperarme. Mientras que los doctores se preparaban para el plan B, en caso de que fuera necesario, tenían listo el cuarto de cesárea. Pero NO, yo estaba lista de tener a mi bebé y finalmente conocerla. Todos estaban conmigo en el cuarto y esperando también conocerla. Todos también tenían miedo, pensando que me podía fallar la fuerza y que no la pudiera empujar hacia afuera y debilitarme mucho después de tenerla. Pero verás, ahí es donde me di cuenta que la fuerza no vendría de mi misma sino de Dios.

Después tuve a mi pequeño milagro, pero no todo fue gozo y felicidad. No, algo había ocurrido mal pero nadie decía nada. La niña no estaba respirando ni respondiendo. Había silencio en el cuarto y todo lo que pedía era si podía verla. Pero los doctores trabajaban en mí mientras trabajaban en ella. Pasaron diez minutos de silencio que fueron los más largos de toda mi vida. Luego, mi pequeño milagro lloró y pude escuchar su voz y ver su hermoso rostro.

Esta mamá pudo sostener el milagro que Dios le había enviado. Todos nos regocijamos y le dimos la bienvenida a mi bebé ("Vida Mia" literalmente mi vida) a este mundo en noviembre de 2009. Vida fue enviada de urgencia a Cuidados Intensivos ya que había ingerido líquidos y ahí iba a ser monitoreada. Pero, de nuevo Dios se mostró bondadoso y mi bebé salió más fuerte y más resistente que lo diagnosticado por los doctores. Dijeron que era el bebé más saludable en Cuidados Intensivos, cuando realmente habían pensado que ella no se lograría por todas las graves dificultades que había pasado. Días después nos dieron de alta y salimos listos para enfrentarnos al mundo exterior.

Ocho años de transitar y con dos nuevos bebés, me encuentro sirviendo al Señor y agradeciéndole por los múltiples milagros y bendiciones con las que me ha sorprendido. Ocho años después y los doctores hasta este día que recuerdan lo que sucedió no pueden explicarse cómo es que pude vencer aquella crisis de Miastenia Grave. Nosotros sí sabemos cómo. El Dios todopoderoso y misericordioso hizo que así sucediera. No sólo la primer bebé sino la bendición de nuestras tres bebés. A lo largo de los años y de todo lo que hemos vivido, he estado orando por mi esposo que todavía no se ha convertido, pues también él pudo ver la misericordia y la mano de Dios sobre nuestra familia. Estoy segura que él está agradecido no solo por nuestra familia sino porque pensábamos que no íbamos a poder tener nuestros propios hijos. Dios me mostró que en medio de esta gran tormenta Él nunca me dejó ni me desamparó como dice Su palabra.

¿Cómo no podré servirle? ¿Cómo no estaré agradecida por todo lo que ha ayudado a vencer para poder acercarme a Él? Dios tiene un propósito en mi vida y en las vidas de mi familia. Quizás no ahora mismo, pero Él siempre ha aparecido en el momento y en el lugar preciso. He aprendido en mí caminar con Él, que Él permite que pasen muchas cosas, no para castigarnos, sino para que despertemos, como una llamada de urgencia, de esa vida que vivimos lejos de Él. Él siempre tiene los mejores planes para nosotros, son mejores que los planes que nosotros mismos hagamos. Él también sabía que sería bendecida dentro de un futuro cercano, Él ya había visto mi vida desde entonces. Así que hasta el día de hoy me mantengo sirviendo al Señor. Sigo caminando por fe no por vista. Es muy difícil, pero como dicen, sin pruebas nada se comprueba y no hay testimonio sin complicaciones. Este es mi testimonio y mi oración y mi esperanza es que toque a alguien y le anime a tomar ese paso de fe y permita que sea Dios quien nos lleve en medio de cualquier tormenta. Bendiciones de la Familia Jiménez.

La Familia Sandoval

CAPÍTULO 7

Pastor Adiel Sandoval

Mi nombre es Adiel Sandoval Bustamante, también Adiel S. Medina, nombre por adopción en Estados Unidos de Norte América.

Mi Origen

Mis padres, Pedro Sandoval y Leonila Bustamante, fueron pastores evangelistas desde los 1940s en los estados de Sinaloa, Sonora y Baja California Norte en México. Nací en la ciudad de Caborca, Sonora en 1974. Cuando ellos ya estaban en edad avanzada, por necesidad, en 1989 nos enviaron, a sus tres hijos más pequeños, hacia los Estados Unidos, a residir con familiares que ya estaban establecidos en el país, yo tenía catorce años de edad.

Cruzando a Estados Unidos.

En el intento de cruzar, pasamos un mes entre las fronteras de México y Estados Unidos, entre las Californias. Intentamos en Mexicali, Tecate y Tijuana. Finalmente logramos cruzar los tres a California, EEUU. En 1991, durante el verano después de cursar el segundo año de estudios de Preparatoria High School, mi hermano menor y yo fuimos adoptados por una muy buena pareja de hermanos de la iglesia, en la que después también fuimos bautizados, José Natividad Medina y Sofía Araujo, pues ellos no tenían hijos y Dios les puso en su corazón llevarnos a vivir a su casa y adoptarnos. Antes de hacerlo, hablaron con mis padres y mis hermanos mayores donde vivíamos, asintiendo mis padres, después de conocerlos firmaron los documentos necesarios para la adopción, ya que éramos menores de edad. Mis padres naturales también sintieron que esto era de parte de Dios.

Benditas Oportunidades de Estudio y Trabajo

Llegando a Estados Unidos, cursé tres años de Preparatoria, High School, donde aprendí el idioma y logré graduarme con una beca escolar, en 1992. Tenía algunas opciones de Universidades por las buenas calificaciones, y también por parte del apoyo de mis padres adoptivos. La opción que elegí les agradó mucho a mis padres adoptivos ya que elegí un Instituto Bíblico, el internado del Colegio Bíblico de la Asamblea

Apostólica, para perseguir el llamado que Dios había puesto desde la infancia en mi corazón, y seguir los pasos de mis padres.

Al terminar mis estudios hubo la oportunidad de comenzar a trabajar en las Oficinas Internacionales de dicha Institución, quizás un trabajo soñado de cualquier joven que desea servir a Dios, y sin elegirlo la ocasión se dio. Inicié trabajando tiempo parcial como traductor, después como diseñador gráfico y también escribiendo lecciones para diversos libros cuatrimestrales que ahí se imprimían. Fui contratado de tiempo completo y con muchas oportunidades de crecer en cada área de mi vida y sobre todo espiritualmente. Cuando Dios llamó al hermano gerente de la imprenta a pastorear, se me confió totalmente esa responsabilidad.

Mi Situación 'Legal'

Obtuve Número de Seguro Social al momento de la adopción, con el cuál podía estudiar y presentarlo para trabajar y transitar en todo Estados Unidos pero no para usarlo en un cruce aduanal fronterizo, era con estancia legal temporal. Por medio de la adopción intentamos regularizar y legalizar mi estancia en los Estados Unidos, pero por tener dieciséis años cumplidos al momento de la adopción la legalización no procedió. Intentamos la legalización por petición laboral y religiosa por la institución religiosa que me había contratado, pero todo quedo en proceso. Durante las vacaciones de los veranos del Instituto Bíblico, antes de ser contratado por la Iglesia, trabajaba en construcción con unos hermanos amigos, en una ocasión al pasar un punto de revisión migratorio dentro del país, aun mostrando los documentos que tenía, me procesaron para deportación, después de hacer una llamada telefónica con mis padres adoptivos, el emigrante decidió dejarme ir, pero no canceló la orden de deportación que había documentado, y me envió un citatorio a la Corte de Migración a Los Ángeles, California. Inicié un proceso de citas anuales y contratamos un abogado, una de las citas, el abogado me dijo que me fuera listo con maleta porque era un hecho que me iban a deportar, no pasó nada en esa ocasión, pero el proceso migratorio no avanzaba. Al siguiente año de citas, me presenté, pero el abogado que llevaba el caso ese mismo día sufrió un accidente cerebrovascular leve, del cual nosotros no teníamos conocimiento, nos presentamos a corte y el juez decidió deportarme porque nos dijo que el documento de deportación que había en mi contra estaba vigente y nunca se canceló en el proceso. En mi salida firme una deportación voluntaria en 1999.

Dios Sí Sabe lo Que Hace

Para más de uno, una deportación de Estados Unidos pareciera una derrota, sin embargo Dios tenía todo planeado y Sus planes son los mejores para nuestras vidas. Al momento de la deportación yo ya tenía veinticuatro años, había sido adoptado con muchas bendiciones, había cursado internado tres años de Colegio Bíblico y había trabajado alrededor de siete años en las Oficinas Internacionales de la Asamblea Apostólica; ahora creo firmemente que Dios tenía todo planeado que así fuera. Aprendí muchísimo en el internado bíblico, las 24 horas estábamos dentro, y con maestros de mucha experiencia. Durante los años de trabajo también aprendí mucho de mis compañeros y de los directivos de la institución, y aparte el trabajo que realizaba era constantemente sobre la Biblia, su profundidad y su practicidad en la vida. Ahí también conocí al Hno. George Pantages, a quien admiro mucho por su dedicación a Dios y Su obra. Aprendí mucho de mis pastores, siempre pude estar cerca de cada uno de ellos y aprovechar la confianza que me daban para un crecimiento personal, en especial el Pastor Sam Valverde, quien por muchos años fue mi pastor y también mi jefe laboral. El trabajo en la institución en el área en educación cristiana me permitió viajar a muchos estados de la unión americana y eso también me ayudo en mi desarrollo ministerial.

Recuerdo que al momento de ser deportado, en las oficinas de Migración en Los Ángeles, California, el trabajador de inmigración, de color, que le tocó procesar el formulario de deportación, al ver mis papeles de estudio y de trabajo, me dijo "No te deberíamos estar deportando, en Estados Unidos ocupamos más gente como tú."

Salí de Estados Unidos con una mentalidad de que se cerraba un capítulo en mi vida, no me sentía decepcionado, y mucho menos por Dios. Algo nuevo había más adelante, no sabía qué era, pero confiaba que Dios siempre está en control de todo.

Cómo Conocí a mi Esposa

Un testimonio dentro del testimonio. Lo siguiente fue escrito por ella misma, en tercera persona.

"Había una joven en mi lugar de nacimiento que yo conocía desde niño, y ella tenía delante de Dios una petición desde hacía como un año, donde ella pedía un esposo a Dios. Dios ya le había confirmado que le tenía un esposo reservado. Aunque ella, Rosalba Díaz Castillo, no sabía por quién estaba orando, ella tenía una lista muy específica de características, que ese joven que Dios le diera, debía tener. Y las características eran: que en primer lugar ese joven amara a Dios, porque si ese joven amaba a Dios, la amaría a ella por siempre; otra especificación era que tenía que venir de Estados Unidos, que fuera músico, y que ella sintiera algo que la atrajera hacia él. Ella tenía muy claro que la belleza no era importante.

Ahora ella cuenta el testimonio riéndose, porque le dice a los jóvenes que especifiquen muy bien lo que piden y les cuenta riéndose que ella nunca le especificó a Dios que ese joven tenía que ser ciudadano americano, no uno deportado de los Estados Unidos."

Cuando fui deportado a México, habían pasado once años desde la última vez que la había visto. Al verla en la iglesia donde habíamos nacido, yo pensé que ella ya estaba casada, pues es una mujer muy bella, cuando yo estaba pequeño también la admiraba secretamente. Supe que no estaba casada, y me propuse visitar su casa, pidiéndole permiso a su padre, si me permitía ir a su casa a visitar a su hija, él accedió y comencé a visitar su hogar. Mi suegro, Julián Díaz, muchos años le dio trabajo a mi padre, así que las familias se conocían muy bien, aparte que por el lado de mi suegra, Rosalva Castillo, la historia se remontaba a más de medio siglo.

Dios cumple la oración de la ahora mi amada esposa y eso me convirtió en el hombre más dichoso.

La Historia Regresa hasta 1936

Mi padre y los abuelos de mi esposa se conocieron desde que mi padre se convirtió y se bautizó en el Nombre de Jesucristo. Regresamos a 1936, cuando mi padre se convierte a Cristo, él era músico de profesión, Solía tocar en la orquesta del padre de Pedro Infante, uno de los actores mexicanos más famosos de todos los tiempos. De vez en cuando, también se juntaba con Pedro para mostrar su talento musical. Cuando entregó su corazón al Señor y fue bautizado en agua, dejó ese tipo de vida atrás y volvió a trabajar en el campo. Mientras estaba trabajando un día, una pareja apostólica lo invitó a ir a la Iglesia Apostólica. Debido a que había sido evangelizado por un misionero alemán, no sabía nada acerca de la doctrina de la unicidad. Había sido bautizado en los títulos Padre, Hijo y Espíritu Santo, pero después de recibir una revelación en un sueño del bautismo en el Nombre de Jesús, fue rebautizado de acuerdo con Hechos 2:38. El pastor que lo bautizó dejó el estado porque estaba en otro movimiento del Nombre de Jesucristo y regresó a casa. Entonces, esta pareja invito a mi padre a la Iglesia Apostólica en México. Fue ordenado como ministro y la Iglesia lo envió a abrir una nueva obra en el estado de Sonora. La obra evangelística separó a mi padre y sus abuelos por décadas y después se encontraron otra vez, en la ciudad donde mi esposa y yo viniéramos a nacer, en los 70´s. Ahora, mi esposa y yo, recordamos con alegría y comentamos ¿qué tipo de trato hicieron ellos de sus hijos y nietos, incluso antes que naciéramos para haber quedado en la misma familia? Algún buen trato, eso es por cierto.

El Pastorado

Mi padre falleció, mientras yo estudiaba en los Estados Unidos, en 1993. Al regresar, solo quedaba mi madre. Cuando fui deportado de Estados Unidos, regresé a la casa de mis padres y con el propósito de seguir el llamado de Dios. Había sido diacono ya por cuatro años, pues mi situación legal no me permitía entrar a un ministerio ordenado en EEUU, y en México continúe como diacono y después de otros cuatro años fui ordenado al ministerio. Dios, en la institución donde me encuentro me permitió la oportunidad de pastorear en el año 2011 viendo Su Mano de amor, de poder y de sustento en todo el proceso. He reconocido que Dios es Fiel a Sus promesas. Y que cuando las cosas no funcionan a nuestra perfección o conforme a nuestros sueños, El siempre tendrá una mejor perspectiva de lo que está ocurriendo y un propósito perfecto en todo. Todas sus cuentas salen perfectas y positivas aun cuando nuestros números y nuestras experiencias son negativas. La promesa que los que aman a Dios, todo ocurre para bien, la he visto en mi vida, aun cuando de mi parte parece que no lo amo a El del todo como se debiera.

Las Sorpresas de Dios

Las sorpresas de Dios son las mejores. Él cuida de los suyos, es el mejor Padre y Protector de todo el universo.

A aquellos que estén pasando por una situación difícil y desesperante en sus vidas, podemos estar seguros que Dios te sostendrá en Sus brazos y verás Su hermosa gloria y las sorpresas que Él tiene en reserva para ti, sólo resiste y mantente en Él.

A la juventud soltera que está leyendo este testimonio, de parte de mi esposa y un servidor, les decimos, Dios tiene a tu princesa perfecta, a tu príncipe perfecto, no te desesperes, no te adelantes, no te preocupes, espera en Dios y Él lo hará. Él conoce tu vida y tiene a alguien perfecto para ti, de eso no hay duda.

Dios nos ha bendecido con dos hermosas princesas, Angie y Hannah, donde también pasamos por otro proceso de infertilidad seis años después de casarnos, pero Dios obró un milagro y nos bendijo.

Después de trece años de ser deportado de EEUU, tramité mi visa de turista y para nuestro asombro lo recibimos, a pesar de que había sido deportado. ¡Dios realmente sabe cómo tomar el dolor y el quebranto, y convertirlo en algo hermoso! Actualmente estamos sirviendo como pastores de tiempo completo en Nogales, Sonora, México en una congregación que está dispuesta a impactar y llegar a la comunidad para Dios. ¡LO MEJOR ESTÁ POR VENIR!

Le agradezco al evangelista George Pantages por la oportunidad de ser parte de este libro.

Dios le bendiga abundantemente!

Pastor Anthony Martinez

2011 Western States H.S. Campeonato

Ministerio de Calle - Oxnard, CA

CAPÍTULO 8

Pastor Anthony Martínez

Me recuerdo de una conversación que tuve con un hombre asombroso que el Señor puso en mi vida como mentor. Su nombre, el Pastor Edmond L. Dyess. Con su dedo empieza a dibujar lo que luego me iba a decir. Él dice que la vida es un círculo, que tienes un punto de partida y pasas por problemas, experiencias, altas y bajas y tu vida se construye en base y alrededor de esas cosas. Conforme comienza a terminar la otra mitad del círculo me dice que finalmente regresas a donde iniciaste. El punto es, ¿qué tan grande es el círculo? Mientras creces, el círculo crece en aprendizaje, la fe se convierte en el efecto que engrandece el círculo. Pero a lo largo de cada periodo de crecimiento regresarás a donde empezaste. Y luego comienza a hacer un pequeño círculo tan rápido como me explica de cuántas personas se estancan en círculos viciosos pasando por lo mismo una y otra vez. Mientras lleva su dedo a su oído y dice, "Eso los vuelve locos."

Estas palabras han tenido mucho significado para mí al encontrarme donde estoy ahora. Después de treinta años que salí de la ciudad donde nací y crecí, fui traído de regreso y siendo guiado por el Señor para hacer algo que nunca pensé que estuviera planeado para mí. Si hace tiempo me hubieran dicho que estaría aquí me reiría y dijera que estaban locos. Mi afirmación era, "Yo nunca regresaré". Pero aquí estoy; para completar el círculo, pero ahora, no siendo el mismo hombre que era cuando salí de aquí. Las dificultades que se desarrollan en experiencias, crecimiento y fe por las cuales el Señor nos ha ayudado a cruzar, nos han preparado para enfrentar y hacer posible todo lo que viene adelante.

Cuando el autor, George Pantages me pidió compartir mis experiencias, pensé que esto sería como decir "Gracias Señor por todo lo que has hecho en mí." Conforme el círculo se cerraba en mi vida, el amor de Dios, Su gracia, misericordia y todo lo que ocupaba se derramó en mí. Servimos a un Padre muy paciente. Desde que me puedo acordar, el Espíritu del Señor siempre se ha movido en mí. Había un corazón sensible para el toque de Dios. Crecer en una Iglesia Apostólica fue una gran parte de ello. Recuerdo cuando era niño, a mi abuelo predicar, siempre me maravillaba cómo el Señor se movía entre Su pueblo. Cuando la unción caía sobre el predicador y la congregación, yo corría para estar en medio de todo. Viendo cada movimiento, cada reacción me cautivaba. Hermanos y hermanas cayéndose, danzando, tocadas por el Espíritu del Señor, los demonios siendo expulsados, y yo anhelando todo ese mover. Yo era uno de esos niños que se dejan solos en el hogar sin supervisión por falta de recursos. Viví mi niñez durante la época de los 60s y 70s. En casa sólo éramos mi madre y yo. No había un papá o hermanos. Mi madre trabajaba en el hospital cruzando la calle de los apartamentos donde vivíamos. Me tenía que dejar solo en la casa. Fueron tiempos de soledad y miedo. Pero aun así me la pasaba cantando y adorando a Dios y Dios me tocaba. Estaba tan pequeño, pero aun así lloraba y era movido por el amor de Dios y su compasión. Ahora comprendo que para un niño era un consuelo reconfortante. Me recuerdo pensar que había algo diferente acerca de mí. Eso diferente me hacía pensar de mí mismo como alguien raro. Esto parecía ser el inicio del llamado de Dios para mi vida. También creo que el diablo miraba lo mismo en mí. Y así empezó el plan para distorsionar, deformar y arruinar lo que Dios había iniciado en mí. Estando pequeño y solo puede convertirte en blanco fácil para cualquiera o cualquier suceso. Para las personas carnales e impías. El plan del enemigo consistía en abuso mental y físico por parte de aquellos cerca de mí. Este plan incluía distorsionar mi amor por aquello que yo consideraba puro y precioso. Mi opinión acerca de la iglesia de Dios y de su pueblo empezó a convertirse en una opinión altamente negativa.

Comenzó con amigos de la escuela y sus hermanos más grandes, miembros de la familia que se aprovecharon de mí sexualmente. Los detalles no los contaré, no hay necesidad de ser específicos. Esto me robó cualquier y toda confianza en las personas. La vergüenza y la furia se ataron dentro de mí, lo que pronto se revelarían en mi comportamiento. Empecé a involucrarme en riñas en la escuela y convertirme en introvertido. Al ir creciendo, la furia también creció incontrolablemente. Estaba confundido por qué Dios permitió que esto me pasara. Consideraba que ya que mi mamá era la única persona que iba a la iglesia, que por esa razón Dios no debía dejar que esto nos pasara a nosotros. ¿Cómo podía Él permitir esto? Estos pensamientos hicieron que apareciera la amargura y que lidiar con ella se convirtiera en una lucha de toda la vida.

Los dolores más duros del corazón vendrían del lugar que yo creía que sería mi refugio, la iglesia. Estaba ahí para buscar protección, pero tristemente no encontré refugio. Entre la edad de diez y catorce años miré cosas en la iglesia que resultaron en lo que yo llamó, un trauma espiritual. Fui testigo de una pelea a puños entre dos ministros en los baños de la iglesia y pensé, "¿No son estos dos hombres los que oran por mí y mis amigos y familia para que seamos bendecidos?" En otra ocasión un evangelista vino a hacer una campaña de avivamiento en una carpa. Me encontraba sentado entre la audiencia cuando vi a un joven de mi iglesia caminar por el pasillo hacia la plataforma. Ahí empezó a gritar y levantar su mano con un gesto obsceno hacia el pastor. En un instante el pastor saltó de su silla y de la plataforma hacia donde estaba el joven y empezaron a intercambiar golpes. En vez de apaciguar la situación y apartarlos, el predicador se unió a la pelea. Recuerdo que mi madre trató de cubrir mis ojos, pero no lo logró y miré todo lo que ocurrió. Pero ministros pleitistas no fueron los únicos problemas que vi con los hombres que supuestamente eran llamados de Dios.

Fui criada por una madre sola y divorciada cuando el divorcio era inaceptable en general y casi inexistente en la iglesia. Las mujeres divorciadas eran consideradas que habían perdido su moralidad y el caso de mi madre no fue la excepción. Yo amo a mi madre profundamente y ella actuó en lo que ella pensó que era lo mejor para mí, pero a veces no ponía los límites adecuados con los hombres de Dios con quienes buscaba ayuda. Recuerdo ministros casados que venían a mi casa solos y le proponían a mi madre, uno incluso sugirió que oraran en su recamara. Recuerdo que me enviaban a mi cuarto y oía a mi madre discutir con este hombre de Dios. Como niño (y aun ahora) no podía conciliar el Dios que escuchaba en los cantos y en los sermones con las acciones de algunos de los líderes de la iglesia. Desarrollé una opinión distorsionada de la iglesia y decidí que no era lugar para mí. Luché una batalla perdida con mi madre de quedarme en casa y rechazar todo lo que fuera apostólico.

Por la gracia de Dios y por las oraciones de mi madre sobreviví a través de la adolescencia sin convertirme en ateo. Asistí al Campamento Juvenil y recibí el Espíritu Santo y fui bautizado en el Nombre de Jesucristo. Nunca vi a mi madre más feliz. Dios estaba trayendo sanidad a mi corazón y aunque yo todavía batallaba con sentimientos de ira también sentía Su Espíritu moverse en mí. Todo parecía estar funcionando bien, cuando en mi grado diez en preparatoria mi madre fue diagnosticada con cáncer terminal. Antes que se terminara el año escolar mi madre había fallecido. Estaba destrozado, me sentía solo. Tenía más familiares lejanos que me amaban, pero mi madre era toda mi vida y no sabía cómo enfrentar su perdida. Atacaba verbalmente a los familiares que intentaban ayudarme y se dieron por vencidos de tratar de ayudarme. Finalmente, uno de mis primos sugirió que me enviaran a la Preparatoria Cristiana en Stockton, California.

Al estar en Stockton el Señor me bendijo, miré y experimenté cosas que nunca me imaginé en mi iglesia local. Conocí a hombres y mujeres que verdaderamente conocían a Dios y caminaban con Él en una manera que me inspiraban a hacer lo mismo. Conocí a hombres de Dios que vieron mi ira y frustración y sintieron una preocupación por mí. Se ganaron mi respeto y amor por su paciencia y amor por mí. Fue en Stockton donde por primera vez sentí el llamado a predicar el Evangelio de Jesucristo. Prediqué mi primer sermón cuando tenía quince años y Dios se movió de una manera que me confirmó que estaba llamado a predicar. Después de terminar la Preparatoria tomé algunas clases en el Colegio Bíblico Apostólico Occidental, pero me salí al primer año. Era joven y arrogante y pensaba que podía trabajar para el Señor bajo mis propios términos. Estaba equivocado. Regresé a casa y me encontré cara a cara conmigo mismo y mis sentimientos no resueltos de vergüenza y de ira.

En casa regresé a lo que me habían enseñado de niño, asistir a la iglesia y orar. Desafortunadamente esto no fue suficiente para superar las fuerzas emocionales y espirituales que venían contra mí. Después de salir de Stockton dejé las cosas de Dios y a Dios mismo. Caí en una oscuridad tan profunda que estaba seguro que Dios ya no querría nada conmigo. Estaba equivocado. Dios en su gran misericordia siguió llamándome, no había lugar donde me pudiera esconder de Su llamado. En tres ocasiones distintas me salvó de la muerte, y aunque no estaba viviendo para Él yo sabía que era Él quien me había librado. Llegué hasta un punto donde no tenía absolutamente nada, sin trabajo, sin dinero, sin esperanza. Fue en este punto donde finalmente volteé hacia Dios y entregué por completo mi vida a Él, y Él respondió con amor y misericordia sin límites.

Había escuchado hablar de un programa llamado Lifeline Outreach (Alcance Línea de Vida) en el Este de Los Ángeles y tenía familiares que asistían a la iglesia que lo patrocina. Después de hablar con el Pastor David Hernández me dijo que no me iba a aceptar en el programa. Me sentí devastado, y pensé que Dios me estaba castigando por haberlo rechazado. Estaba equivocado. El Hno. Hernández me dijo que él sintió que Dios quería que él me ayudara y me pidió que viviera en su casa. El círculo de mi vida se amplió ese día. El Hermano Hernández se convirtió en mi mentor y bajo su liderazgo abracé nuevamente el llamado de Dios del que había estado huyendo antes. Ministraba como director de coro, líder de jóvenes, maestro y últimamente como ministro ordenado. También conocí a mi esposa e iniciamos nuestra familia en el Este de Los Ángeles.

Pensé que una vez que me había convertido en ministro ordenado y que trabajaba para el Señor que mis heridas del pasado simplemente desaparecerían. Estaba equivocado. Había ocasiones que las heridas y la vergüenza del pasado llegaban como una inundación y aplastaban mi espíritu. Por los siguientes treinta años me mantuve firme en mi fe, y el Señor en su gracia y su misericordia bendijo mi ministerio, pero no comprendía por qué todavía tenía tanta ira. El lidiar con la ira que se convertía en furia era parte de mi problema. Afectaba mi relación con mi esposa y mis hijos y si no hubiera sido por el Señor, no la hubiéramos hecho. Puse a mi familia en situaciones de riesgo espiritual porque no permitía que mi coraje contra aquellos que me habían lastimado se fuera. Fue en esas situaciones que mi Padre Celestial me enseñó cómo confiar en Él. Me hizo ir a lugares y estar en situaciones donde mi única esperanza era Él y a lo largo de los años ha eliminado cuidadosamente el dolor y la amargura que yo había albergado por tanto tiempo. El Señor comenzó a enseñarme lo que significaba la entrega total y cómo eso podía cambiar no solo mi vida sino las vidas de los que amo.

Cuando finalmente entregué mi dolor y mi ira al Señor, me sentí renovado. En ese entonces mi ministerio estaba en modo piloto automático, solo seguía la corriente sin una visión verdadera. Era asistente de pastor de mi iglesia y dirigía la escuela de la iglesia, pero sin la pasión que tenía en el pasado. Mi vida estaba cambiando, me estaba acercando al punto donde uno piensa en disminuir la velocidad, pero entre más me entregaba a Dios lo más que Él me hacía sentir lo mucho que Él quería que hiciera. Después recibí una llamada del pastor de la iglesia donde me congregaba de pequeño. Antes, él era un ministro joven, un verdadero siervo de Dios que me mostró bondad en mis momentos más difíciles. Me pidió que predicara en un avivamiento juvenil y acepté ir, pero con ciertas dudas. Estando de vuelta en casa provocó algunos sentimientos del pasado, pero puse mi confianza en mi Padre Celestial y el avivamiento fue un éxito. En el tiempo que fui a ese avivamiento el pastor estaba luchando contra el cáncer. Me dijo, "Estaría bien tenerte de vuelta para ayudarnos con lo que Dios ha hecho aquí." Para mi sorpresa consideré su petición muy seriamente, y todavía más sorprendente, mi esposa me dijo que ella estaba dispuesta a dejar su ciudad de origen si eso era lo que Dios estaba pidiendo. En todos los años que estuve fuera de mi lugar de origen, nunca consideré regresar a ese lugar de tantas memorias dolorosas. Después de mucha oración y consejo, mi esposa, mi hija y yo nos mudamos a mi ciudad de origen. Creo que todos mis altibajos, mis luchas y cambios fueron para prepararme para donde estoy ahora, de regreso donde inició todo. He llegado a completar el círculo.

Aunque pensaba que regresar a casa era la voluntad de Dios para mí, no todo se acomodó en su lugar llegando. El pastor que me pidió que regresara a casa perdió su lucha contra el cáncer, y los directores nacionales de nuestra organización instalaron a un nuevo pastor de afuera del área. Ya sin trabajar para la iglesia, encontré trabajo con agencias temporales, pero casi todas con el salario mínimo. Mi esposa se vio forzada a mantener su antiguo trabajo cerca de donde vivíamos antes, como a ochenta millas, para poder lograr subsistir económicamente. Hubo ocasiones que me preguntaba si realmente había escuchado a Dios decirme algo acerca de mudarnos, y de pronto Dios abrió una puerta que me llevaría por un camino que nunca me había imaginado.

Por medio de un amigo de la niñez supe de un grupo no lucrativo que buscaba personas para trabajar con jóvenes en riesgo. Él conocía mi trabajo en el Este de Los Ángeles y me animo a aplicar por el trabajo. Estaba emocionado de la posición, pero cuando fui a la entrevista miré que estaba compitiendo con personas con estudios más avanzados que yo en ciencias sociales o en consejería, o quienes ya habían trabajado en la comunidad con diferentes grupos. Yo tenía experiencia, pero no tenía estudios, yo venía de afuera de Los Ángeles y con trabajos en agencias temporales. Puse mi confianza en Dios y en Su voluntad para mi vida. Obtuve el trabajo, era un trabajo perfecto para mí. Primero caminábamos por las calles de la ciudad buscando a muchachos que estuvieran afiliados a pandillas o involucrados en actividades peligrosas como drogas o alcohol. Sentía extraño caminar por las mismas calles que caminé como joven problemático, pero ahora buscando a otros jóvenes que se encontraban en esa situación. A través de mi trabajo plenamente me pude dar cuenta de qué tan lejos

Dios me había traído. Un nuevo deseo se encendía en mi alma de conocer a mi Dios y confiarle todo mi ser. Poco sabía cómo ese deseo sería puesto a prueba.

En mi cumpleaños número 55 estaba haciendo mi ejercicio físico, ese que decimos 'no estoy tan viejo todavía', cuando de pronto sentí un dolor agudo en mi pecho que radió hacia mi brazo izquierdo. Después que pasó lo ignoré por algunas horas hasta que mi esposa finalmente me hizo ir al doctor. Al principio todos los exámenes salieron negativos; no existía un ataque al corazón. Lo que consideré una sobreprotección de parte del doctor, cuando me hizo quedarme la noche para hacerme un examen de estrés al día siguiente. No pasé el examen. Ya que los exámenes no mostraban algún daño en mi corazón, lo doctores aseguraron que podían arreglarlo colocando una restricción en la arteria obstruida que es un procedimiento bastante sencillo. Sin embargo, cuando intentaron hacer el procedimiento, descubrieron que necesitaba un bypass triple. Pasé cinco días en el hospital y cuatro meses de recuperación. En los momentos más bajos de mi recuperación pensaba, "¿Señor, me trajiste aquí para morir?" Me sorprendí cuando Su respuesta fue sí. El Señor me habló y me dijo que me había traído a mi ciudad natal para que muriera a mí mismo. Para que finalmente dejara ir aquellas cosas que yo pensaba que necesitaba para ser un hombre fuerte. Me dijo que me enseñaría acerca de la sanidad espiritual a través de mi recuperación física. Durante este tiempo Dios me dio una nueva visión y restauró la pasión que yo tenía cuando fui lleno por primera vez con Su Espíritu Santo.

En los años siguientes después de mi operación encontré una gran satisfacción en el trabajo, pero se me hacía difícil encontrar mi lugar en la iglesia. Siempre había estado activo en las iglesias donde me congregaba, estaba en todo desde director de coro hasta asistente de pastor. Sin embargo, las iglesias que asistía en mi ciudad natal no tenían un lugar para mí y eso me frustraba. Entonces conocí a un hombre de Dios, el Hermano Gerald Jeffers. Antes de conocer personalmente, al Hno. Jeffers lo conocía por sus sermones que me habían impactado mucho. En una ocasión vino a predicar en mi iglesia local y tuve la oportunidad de pasar tiempo con él y su esposa. Sabía que el Hermano y la Hermana Jeffers operaban en los dones del Espíritu y quería hablar con ellos acerca del ministerio, específicamente el mío. Cuando conocí a los Jeffers ellos vivían a la altura de su reputación. El Señor les mostró mi vida, mis dificultades, mis dolores y mi vergüenza. Mi corazón se quebrantó cuando la Hna. Jeffers me dijo, "La furia y la ira con la que creciste casi te destruyó. ¿Sabes por qué Dios permitió que pasara? Él pudo haberlo evitado, pero lo permitió. ¿Sabes por qué?" Mientras todavía estaba pensando en su pregunta, el Hno. Jeffers me contestó, "Es por lo que haces ahora, y lo que Él tiene planeado para ti todavía." Yo le había estado platicando a Dios acerca de mi ministerio, pero el Señor quería platicarme acerca de mí mismo. Sabía que estaba siendo restaurado, las murallas estaban siendo derribadas y la sanidad estaba haciendo su morada en mi corazón. En el siguiente año me ridiculizaron, me criticaron, me dijeron que no podía relacionarme a esta generación, que vivía en el pasado y que no comprendía estos tiempos modernos. En el pasado habría encontrado la forma de que todos supieran que eso no me hacía sentir bien y que me estaban maltratando, pero el Señor me preparó para lo que viniera contra mí. Él utilizó la situación que estaba pasando para moverme a un nuevo ministerio, uno que nunca había considerado antes. De primero, pensé que era un nuevo llamado, pero volteando hacia atrás creo que ese era Su plan desde un principio. Sólo que me tomó más tiempo a mí poder dar ese paso hacia el interior de Su plan. Por el incalculable y persistente amor de Dios mi esposa y yo hemos empezado una "Nueva Obra" en mi ciudad natal.

Décadas después de ser un ministro ordenado ahora puedo finalmente decir que he aprendido a aceptar completamente el perdón y la gracia de Dios. He llegado a conocerlo como mi Padre amoroso que me ama a pesar de mi pasado. Sé que los fracasos de mi pasado, ansiedades del presente y temores del futuro están conquistados por mi Padre amoroso quien sabe lo que necesitamos aún antes que se lo pidamos. Soy un testigo de la poderosa y maravillosa gracia de Jesucristo.

Edgar & Daisy Arias

2017 Accidente Automovilístico

CAPÍTULO 9

Daisy & Edgar Arias

El día sábado 24 de junio del 2017 el grupo de jóvenes que mi esposa y yo (Edgar) dirigimos tuvimos un evento llamado "Encuentro con Padres". Participamos en actividades que les ayudarían a mejorar sus relaciones. Ese sábado Dios puso en nuestros corazones tocar el tema del "tiempo" y cómo nosotros debiéramos aprovecharlo. Mi esposa (Daisy) les mostró un reloj de arena de una hora para que se dieran cuenta que sólo tenemos tanto tiempo para vivir. Así como ese reloj, nuestro tiempo está pasando y finalmente terminará. Me puse frente a ellos y les dije que cerraran sus ojos e imaginaran que estaban frente a Dios. Dios les haría esta pregunta, "Si sólo te quedaran 24 horas de vida, ¿qué harías con ese tiempo?" Todos contestaron casi lo mismo. Que pasarían más tiempo con su familia, demostrándoles amor y afecto, pidiéndoles perdón, arrepintiéndose y poniéndose a cuentas con Dios. Nunca imaginé que en poco tiempo yo tendría que estar respondiendo esta misma pregunta literalmente.

Cuatro días después yo (Daisy) me encontré con Dios cara a cara. El Señor me permitió el privilegio de visitar el cielo y fue algo sumamente hermoso. Nunca en mis sueños más descabellados había visto algo tan más glorioso. El momento que me habló cambió mi vida para siempre. Tuve un encuentro hermoso y sobrenatural con Dios que quisiera compartir.

Mi esposo Edgar y yo acabábamos de desayunar y nos preparábamos para ir a trabajar. Era una mañana normal y el clima era agradable. Como mi esposo y yo trabajábamos juntos, esa mañana decidí tomar el volante. Era un viaje largo de 45 minutos y siempre tomábamos la misma ruta. Era una autopista de doble sentido sin barrera intermedia. El límite de velocidad es cincuenta y cinco millas por hora y el tráfico es normalmente muy poco. Habíamos estado tomando el mismo camino desde siempre y nada había ocurrido antes, pero hoy era una historia completamente distinta. Por no reaccionar lo suficientemente rápido y con un tanto de pánico, traté de girar rápidamente del camino porque un carro que venía en dirección contraria invadía nuestro carril a unas 60 millas por hora, el otro carro nos pegó de frente. Sucedió tan rápido que antes que pudiera recuperar el aliento ya habíamos hecho contacto. El accidente fue tan fuerte que nuestro vehículo empezó a girar. Gracias a Dios, mi esposo y yo teníamos puesto nuestro cinturón de seguridad. Como estábamos en el proceso de movernos de casa, el carro estaba lleno de artículos del hogar. En el asiento trasero teníamos contenedores de plástico llenos de libros, juegos y docenas de DVDs. El impacto fue tan fuerte que todo el frente del auto, incluyendo el motor se hundió dentro del vehículo aplastándome entre el asiento y el volante. Estaba atrapada y el impacto me dejó inconsciente.

Finalmente, el carro se detuvo. Yo (Edgar) sentía que estaba atorado; no podía moverme y empecé a sentir dolor en mi hombro derecho. Me volteé hacia mi esposa y vi que estaba inconsciente. Por alguna razón su cuerpo estaba respirando muy fuerte y estaba quejándose, pero estaba inconsciente. Me dio alivio saber que al menos ella estaba haciendo algún tipo de ruido y que estaba respirando, sabía que estaba viva. Sabiendo que si no despertaba y paraba de respirar moriría. Comencé a mover su cabeza y a gritarle "¡Amor despierta, despierta!", pensando que si podía mantenerla respirando hasta que llegara la ambulancia, estaría bien, y entonces la dejaría en manos de los paramédicos. Mientras le movía su cabeza y le gritaba, de repente, Dios me habló. Me hizo una serie de preguntas y me dio revelaciones, como si Él estuviera dándome las respuestas a la vida y los propósitos de la vida. Todas las revelaciones se conectaban una con otra y todo tenía sentido. Todas las preguntas que Dios hizo comenzaban con un "¿Qué tal si?"

- ¿Qué tal si no te conviertes en la persona que quieres ser?
- ¿Qué tal si no logras alcanzar tus metas? Y muchas otras, pero la pregunta que me pegó más duro fue:
- "¿Qué tal si no te hubiera dado la oportunidad de abrir tus ojos otra vez, a dónde iría tu alma?"

Sorprendido por la pregunta que Dios me acababa de hacer, comencé a reflexionar en la pregunta y en la realidad de ello. ¿Qué tal si Dios no me hubiera dado la oportunidad de abrir mis ojos una vez más, a dónde iría mi alma?

Más y más humo salía del carro y se estaba poniendo muy caliente adentro, Yo (Edgar) estaba esperando que el carro estallara en cualquier momento. Cerré mis ojos y comencé a orar, me arrepentí de mis pecados, le pedí a Dios perdón y me puse a cuentas con Él. También le expresé mi amor y pedía perdón a todos los que se me venían a mi mente. Pensé que el carro estallaría, pero no quería salirme del carro. Aun si explotara, me comprometí a quedarme con mi esposa. Empecé a decirle adiós a mi familia, a mis amistades y finalmente a mi esposa.

El calor dentro del carro y la sensación de haber sido golpeados hicieron que me desesperara. Trataba de abrir la puerta para tomar algo de aire pero no se abría. La comencé a patear hasta que finalmente se abrió. Un DVD calló frente a mí en la carretera. Cuando vi la película en el suelo, sentí como si una bomba de revelación había explotado en mi cara. Dios estaba confirmando todo lo que me acababa de preguntar hacía unos minutos. Era una película cristiana llamada "¿Qué tal si?" Enmudecido, vi el DVD y noté una pregunta debajo del título, decía "¿Qué tal si Dios te diera una segunda oportunidad?" Dios me estaba hablando y en ese momento Dios me había dado una segunda oportunidad.

El silencio de mi esposa me hizo volver a la realidad. Volteé hacia ella y me di cuenta que ya no estaba respirando. Asustado, comencé otra vez a moverle la cabeza frenéticamente, y gritándole con todas mis fuerzas. "¡Amor despierta, por favor despierta!" No importaba que tanto le moviera la cabeza o qué tan recio le gritara, ella no respondía. Le movía la cabeza cada vez más y le gritaba tan recio como podía, y nada ocurría. Sentí que pasó una eternidad pero a los cinco minutos o más, ella de repente respiró profundo. Me sentía aliviado y ese fue uno de mis momentos más felices viendo a mi esposa regresar a la vida. Me estaba desesperando, y el dolor en mi hombro se incrementaba. Sentía como si mi hombro se estuviera quemando de adentro hacia afuera y el dolor no me permitía estar quieto.

Ese día traía una gorra que mi hermana me había prestado. De tanto movimiento, la gorra se me cayó de la cabeza sobre mis muslos. Me quedé viendo a la gorra, y eso trajo paz a mi corazón. Sentí como si todo el dolor, el temor y la preocupación se habían ido. Me trajo un sentimiento de que todo iba a estar bien. Dios usó a la gorra para hablarme una vez más. La palabra "Bendecido" estaba escrita en el frente de la gorra. Cuando miré la palabra "Bendecido" escuché a Dios diciéndome al oído derecho "Eres bendecido, todo va a estar bien." La paz se adentró en mi corazón y yo sabía que todo estaría bien.

Como veinte minutos después del accidente dijo mi esposo que llegaron la ambulancia y los bomberos. Los policías habían sacado a mi esposo del auto en una camilla de plástico y lo habían llevado al hospital. Llegó allá con la espalda fracturada, su tobillo fracturado, tres costillas rotas, y un pulmón colapsado y su hombro derecho quebrado y dislocado. Ya que yo (Daisy) me encontraba atrapada entre el asiento el auto y el volante, los bomberos tuvieron que romper la puerta para poder sacarme de ahí. Llegué al hospital inconsciente y por causa de la situación tan crítica me llevaron directamente a cuidados intensivos. Llegué ahí con fracturas en mi tobillo derecho, el brazo derecho y en mi espalda, y una herida en mi cabeza que ocupó diez puntadas para cerrarla, tenía tres costillas rotas que se habían clavado en un pulmón.

Lo peor de todo un daño traumático cerebral. El fuerte impacto causó que mi cerebro sangrara y que murieran una parte de las células cerebrales. Mi cerebro no estaba funcionando propiamente y por ello, mi cuerpo no estaba respirando correctamente. No estaba recibiendo suficiente oxígeno en mi cerebro, así que los doctores me tuvieron que conectar a una máquina de oxígeno. El daño cerebral me dejó en estado vegetativo, sin poder responder y en coma. Los doctores no sabían si iba a sobrevivir. Le dijeron a mi familia que se prepararan para lo peor. Mientras estaba en coma los doctores tuvieron que colocar un tubo en mi estómago para poder recibir alimento. Conforme pasaban los días, mi condición sólo empeoraba. De la nada comenzó una infección en mi estómago donde me habían colocado el tubo. Desafortunadamente, estos trágicos eventos ocurrían frente a los ojos de mi familia, sin embargo en el mundo espiritual era una historia muy diferente.

Dios me dio el privilegio de visitar el cielo. Me encontré frente a Él. Era hermoso, algo que nunca había visto antes. Mientras estaba de pie frente a mí podía sentir Su cálido e incondicional amor. Era un tipo de amor sincero, genuino e increíble que no experimentas aquí en la tierra. Dios se tomó el tiempo para mostrarme que efectivamente había muerto en el accidente y me llevó al cielo. También vi las calles cubiertas de oro. Las vestiduras de Dios eran blancas como la nieve y brillantes también. El rostro de Dios brillaba tanto que iluminaba todo el cielo. Esto hacía imposible ver los rasgos del rostro de Dios pero en mi espíritu sabía que era Dios.

Mientras estaba en el cielo miraba hacia abajo y podía ver a mi familia dentro del cuarto del hospital. El momento que Dios me habló fue un instante que cambió mi vida. Lo primero que me dijo fue "La juventud ama al mundo más que a mí." Después me dijo, "No toda la iglesia me ama, o me busca o hace mi voluntad." Entonces procedió a mostrarme varias personas de mi iglesia que verdaderamente lo amaban. Lamentablemente, no era toda la iglesia.

El cielo es un lugar maravilloso, un lugar santo. No sentía tristeza, ira, miedo o ninguna emoción negativa. Todo era totalmente paz. Podía sentir y experimentar el extraordinario amor de Dios. No podía tocar a Dios pero Dios expresaba Su amor hacia mí de una manera que podía realmente sentirlo. También se tomó el tiempo para decirme que me amaba. ¿Por qué era que Dios me estaba dando una increíble oportunidad de visitar el cielo? Si soy tan solo una persona normal e imperfecta. ¿Por qué Dios me escogió a mí? En ese momento Dios me dio la más grande misión de mi vida.

Me dijo que la razón porque me iba dejar vivir era para testificar de Su poder y alertar a todos que Él viene pronto. Justo después de eso, Dios hizo un movimiento y miré que puso algo dentro de mí. En ese momento específico fue que regresé a la vida.

Dos semanas después, yo todavía estaba inconsciente en un coma, pero milagrosamente 21 días después abrí mis ojos. Ahí fue donde todo mi mundo cambió.

Lo primero que vi fue a mi esposo deteniendo mi mano. Ya que sufrí daño en el cerebro estaba confundida. No sabía dónde estaba o la razón por qué estaba ahí. El daño cerebral no me permitía hablar, comer o caminar correctamente ni ser independiente. También sufrí pérdida de memoria que hasta hoy estoy tratando arduamente de recuperar. Después que regresé del coma tuve que asistir a terapias físicas y del habla. Para poder reaprender a caminar, hablar, comer, bañarme, cepillarme los dientes y básicamente para aprender todo tenía que dedicarme a estas terapias. Las fracturas en mi cuerpo hacían difícil moverme. En la iglesia no podía estar de pie por mucho tiempo, por causa de mi espalda dañada y la fractura en mi brazo hacía que fuera muy complicado levantar mis manos y adorar a

Dios. Mi tobillo hacía imposible que danzara para Dios. Era una complicación total.

Antes del accidente, mi vida era todo menos perfecta. Fui criada por un hombre muy estricto. No debía hablar y comer al mismo tiempo y tenía prohibido dejar la mesa hasta que todo en el plato estuviera terminado. No podía tomar un descanso; todo lo que hacía estaba siendo observado y controlado como si viviera con un dictador. Siempre debía tener la mejor conducta en todo momento. Viviendo así me hacía sentir miserable, y en muchas ocasiones, traté de suicidarme. A la temprana edad de 14 años, por causa del divorcio de mis padres tuve que dejar todo mi mundo que conocía. Mis amigos, mi escuela y la ciudad que llamaba hogar habían quedado atrás. Me enojé y me irrité al punto de deprimirme. Traté de buscar la felicidad en fiestas y salidas los fines de semana. En dos diferentes ocasiones casi me raptaban. Después de esas experiencias traumáticas, me convertí en una persona muy ansiosa al grado que sentía que siempre estaba en peligro. Me encerraba bajo llave en mi cuarto y no salía. Estaba prisionera en mi propia casa. A la edad de dieciséis años, conocí a mi maravilloso esposo, pero no me di cuenta de la voluntad de Dios hasta el siguiente año. En el 2013, a la edad de diecinueve años me casé con él.

Podías decir que nuestro matrimonio era todo menos perfecto. Traje conmigo aquella actitud demandante, controladora y estricta que había aprendido de mi padrastro. Siempre quería que las cosas fueran en algún orden y que todo se hiciera de cierta manera. Era un monstruo controlador y siempre quería llevar los pantalones en mi matrimonio. Eso a mí me daba paz, pero esta actitud no trajo sino problemas a nuestro matrimonio. También batallamos con el egoísmo, los celos, los malentendidos económicos y discutíamos constantemente. Teníamos problemas de confianza y de perdón. Y esto trascendió a la intimidad porque no lográbamos entendernos. Cada intento de comunicarnos terminaba en discusiones y pleitos. PERO, Dios nos había dado el entendimiento y la sabiduría para tener un matrimonio feliz, amoroso, apasionado y pleno. Llegamos al punto que pudimos eliminar la mayoría de las discusiones y detalles entre nosotros. Tuvimos victorias sobre nuestros problemas y nos amábamos a pesar de todo.

Ambos éramos felices y en camino al matrimonio soñado cuando todo cambio de un abrir y cerrar de ojos. Regresé a la vida con un traumatismo de cráneo que causó que me olvidara de prácticamente todo incluyendo nuestra historia de amor. Confundí a mi esposo con mi padre. Lo peor de todo, por alguna razón el daño cerebral trajo de vuelta todos esas cuestiones, problemas y malentendidos con los que un día batallamos y que ya habíamos superado. Todo lo que habíamos logrado antes del accidente, todo el esfuerzo y el tiempo que habíamos invertido en nuestro matrimonio para hacerlo funcionar se habían ido por la borda. Mi daño en el cerebro desafío mi matrimonio en una manera para la cual no estaba preparada. El daño había causado pérdida de memoria y la dificultad para comprender y resolver problemas básicos. También se requería de mucha paciencia para poder comunicarse conmigo.

No entendía por qué Dios nos estaba regresando a empezar todo de nuevo. "¿Por qué?" Le preguntaba al Señor. Sabía que había un propósito pero, "¿Cuál es ese propósito?" Dios empezó a remover la venda de mis ojos y a mostrarme que Él estaba usando las consecuencias de mi daño cerebral para moldear mi carácter. Mi esposo también estaba incluido en este proceso. Finalmente comprendí que después de cada valle oscuro y doloroso estaba una montaña llena de bendiciones.

Por causa del daño cerebral, estoy muy limitada en muchas maneras. Todo estaba fuera de control y la responsabilidad de mi cuidado había sido puesta en manos de mi esposo. Al no estar en control, Dios me ha enseñado paciencia, y es un reto estar dependiente de mi esposo en todo. Se está convirtiendo en el hombre que necesita ser y me gusta ese cambio. Antes del accidente, él era un hombre egoísta. Él solo se ocupaba de sí mismo y mi condición física le ha enseñado que no se trata solo de él. Ahora él es quien está un paso más adelante que yo. Él limpia, cocina y se preocupa por lo que se tiene que hacer. Ahora se está convirtiendo en el líder que Dios quiere que sea. Por no poder estar en control, Dios me ha enseñado a trabajar en mi paciencia, mi fe, mi matrimonio y a confiar en Él.

Poco a poco Dios estaba revelando el propósito del porqué de todo lo que me estaba sucediendo. Oré y me mantuve firme a lo largo de todo este difícil recorrido. Mantuve mi fe y oré a Dios que me ayudará con mis heridas, ya que me causaban mucho dolor y malestar. No tomó mucho tiempo para que Dios respondiera. El domingo 8 de octubre del 2017, el Evangelista George

Pantages vino a nuestra iglesia como predicador invitado. Al final del mensaje, llamó al altar a todos los que quisieran recibir sanidad. Sin pensarlo dos veces, con un gran salto de fe, fuerte y firme me levanté de mi lugar y camine hacia el altar. Esta era mi oportunidad de recibir sanidad y no la iba a desperdiciar. Una vez que llegué al altar, me preguntó en qué parte de mi cuerpo necesitaba sanidad. Yo solo le dije, "mi tobillo derecho". Él entonces empezó a orar por sanidad. Yo estaba convencida que algo iba a suceder. Estaba determinada para recibir un milagro. Oró que todo el dolor se fuera, y que Dios sanara y restaurara mi tobillo derecho. De repente, salté y comencé a alabar a Dios y a danzar. El dolor se había ido, no podía parar de adorar, de saltar de gozo y de alabar a Dios porque antes de esa oración no podía hacerlo.

Algo increíble sucedió al siguiente día; tenía una cita con el especialista que me estaba asistiendo con el tobillo. En la visita anterior, el doctor decidió tomarme rayos-X para ver cómo estaba mi fractura. Se podía ver una fractura muy clara a lo largo de mi tobillo. En esta visita decidió tomar otros rayos-X y no creerás lo que sucedió. La fractura en mi tobillo ya no estaba. Había desaparecido, ya no se podía ver y el doctor no lo podía creer. ¿Cómo podría la fractura desaparecer completamente, tan pronto? Se quedó sin palabras por unos momentos y mirándome fijamente, finalmente declaró, "Eres un milagro caminando. Dios definitivamente está contigo." La fractura ya no estaba y tampoco el dolor.

Estaba tan agradecida con Dios y Su gracia sublime, pero Él todavía no terminaba. El 2 de febrero del 2017, al hablar por teléfono con el Evangelista George Pantages decidió orar por mí por teléfono por sanidad en mi brazo derecho y la parte baja de la espalda. Oró que se fuera todo el dolor; después me dijo que me inclinara y que hiciera presión en mi brazo para ver si el dolor todavía estaba ahí. Milagrosamente, el dolor había desaparecido. No podía agradecer a Dios lo suficiente por todo lo que estaba haciendo. Cerré mis ojos y este episodio me llevó tres años atrás cuando estuve batallando con un dolor muy fuerte en mi espalda. Un grave dolor que me había inhabilitado para caminar, tanto que mi esposo literalmente me cargaba para donde necesitara moverme. Era un daño que había confundido a los doctores porque no habían podido encontrar la raíz de dónde provenía este punzante dolor, como si fuera una aguja en mi espalda. De la misma manera que Dios me había sanado del tobillo, el brazo y la espalda, hacía tres años fue igual cómo lo hizo con este desconocido dolor en la parte baja de mi espalda. Estaba abrumada por el amor y el poder de Dios y cómo Él me seguía sanando y demostrando ese amor. No sólo eso, sino la manera cómo Dios estaba haciendo milagros en otros también. También sanó a mi esposo de su dolor de espalda. No puedo agradecer a Dios lo suficiente.

Dios había sanado cada fractura y cada dolor en mi cuerpo. Todavía sufro con pérdida de memoria; en ocasiones se me olvida lo que voy a decir, y a veces es difícil entender lo que otros me dicen. Muchas veces, es abrumador y desafiante tratar de resolver los problemas de los demás. ¿Has intentado buscar a Waldo, un hombre pequeño (ficticio) vestido en camisa de rayas blancas y rojas y una gorra (que es un juego de camuflaje) y tienes que encontrarlo? Así es como me hace sentir el daño cerebral, como si tuviera que enfocarme totalmente para buscar en mi mente pedacitos específicos de información que me ayudarían a comprender a los demás o resolver cualquier problema. Sí, este proceso es muy frustrante y requiere de mucha energía, pero no lo digo para que sientas lástima por mí. He aprendido que Dios te mostrará Su increíble poder cuando estés cruzando por un valle de dolor. Te digo todo esto para que no pierdas tu fe en Dios. Cada lucha, cada valle doloroso tiene un propósito. Así como dice Isaías 64:8, que nosotros somos el barro y Él nuestro alfarero, y que somos la obra de Sus manos. Te digo que cada situación negativa que pasemos, Dios la usa para moldear nuestro carácter y hacernos conforme a Su imagen. Cuando te sientes agobiada al pasar por situaciones difíciles de dolor, levanta tus manos y pide a Dios por ayuda. ¡Tú situación es simplemente el alfarero moldeándote para formarte en algo maravilloso, algo increíble, algo poderoso y lo mejor de todo, algo hermoso! ¡Mi caminar con Dios ha mejorado extraordinariamente! Al experimentar la gloria de Dios y Sus milagros me han hecho entender que no hay otro lugar donde quisiera estar sino caminando con Dios. Cada día Dios me revela y me descifra una pieza más de este rompecabezas que llamo vida. Me ha ayudado a comprender el verdadero propósito de todo esto.

Los doctores le habían dicho a mi familia que había una alta probabilidad que yo no la iba a sobrevivir, pero Dios tenía la última palabra. Como dice 2 de Corintios 5:7, vivimos por fe y no por vista.

Durante el accidente casi todo se quebró. En la cajuela yo (Edgar) traía vasijas y pesas que también se quebraron. Pero solo una cosa no se quebró. Era el reloj de arena que mi esposa había mostrado a los padres antes del accidente. ¿Cómo fue posible que algo tan frágil y delicado no se quebrara? ¿Estaba Dios intentando decirnos algo? Hubo tres personas involucradas en este trágico accidente. Dios le dio a dos de ellas una segunda oportunidad, pero para la tercera persona su tiempo había terminado y había fallecido. ¿Aprovecharás tu tiempo o lo desperdiciarás? ¡Reflexiona en eso!

090718

GEORGE PANTAGES MINISTRIES

BOOKS AVAILABLE IN ENGLISH

GEORGE PANTAGES MINISTRIES
CELL 512-785-6324
GEOPANJR@YAHOO.COM
GEORGEPANTAGES.COM

George Pantages Ministries

Libros Disponibles en Español

George Pantages Ministries
Cell 512-785-6324
GEOPANJR@YAHOO.COM
GEORGEPANTAGES.COM

GEORGE PANTAGES MINISTRIES

CONFERENCIA DISPONIBLE EN ESPAÑOL

9 CD SET

CD 1	SIENDO COMO NIÑOS
CD 2	Cuando Fe No es Fe I
CD 3	Cuando Fe No es Fe II
CD 4	Cuando Fe No es Fe III
CD 5	¿DÓNDE ESTÁ SU FE?
CD 6	Explicando Conceptos de los Dones (I)
CD 7	Explicando Conceptos de los Dones (II)
CD 8	Preguntas y Respuestas (Oración de Impartición)
CD 9	SOLO VAMOS A LA MITAD (Seminaristas del Día Ministrando)

NOTAS DE CONFERENCIA
EN
INGLÉS & ESPAÑOL

GEORGE PANTAGES MINISTRIES
CELL 512-785-6324
GEOPANJR@YAHOO.COM
GEORGEPANTAGES.COM

www.ingramcontent.com/pod-product-compliance
Lightning Source LLC
LaVergne TN
LVHW051605070426
835507LV00021B/2776